풍수風水와
인테리어 Interior

풍수風水와 인테리어 Interior

초판 1쇄 인쇄 2020년 11월 20일
초판 1쇄 발행 2020년 11월 27일

신고번호　제313-2010-376호
등록번호　105-91-58839

지은이　이용훈, 이명훈, 이승원
발행처　보민출판사
발행인　김국환
편집　정은희
디자인　김민정

주소　인천시 서구 불로동 769-4번지 306호
전화　070-8615-7449
사이트　www.bominbook.com

ISBN 979-11-91181-09-8　03180

- 가격은 뒤표지에 있으며, 파본은 구입하신 서점에서 교환해드립니다.
- 이 책은 저작권법에 의하여 보호를 받는 저작물이므로 무단 전재와 복사를 금합니다.

이 도서의 국립중앙도서관 출판시도서목록(CIP)은 서지정보유통지원시스템(http://seoji.nl.go.kr)과 국가자료공동목록시스템(http://nl.go.kr/kolisnet)에서 이용하실 수 있습니다. (CIP제어번호 : CIP2020047616)

부귀영화와 건강을 누리는 대박 지침서!

풍수風水와 인테리어 Interior

이용훈, 이명훈, 이승원 공저

이 책에서 제시하는 다양한 풍수 인테리어 비법과
정리정돈 및 수납법을 실생활에 활용한다면
누구나 풍요롭고 행복한 인생을 살 수 있을 것이다.

머리글

　　코로나19로 인하여 전 세계의 경제가 대공황을 맞고 있는 것이 현 시대의 흐름이다. 솔로몬왕과 다윗의 유명한 일화에서 "이것 또한 지나가리라."라는 말이 있다. 우리는 환경의 지배를 받으며 살아가고 있다. 모두가 직면한 환경이 같다고는 하지만 모두가 다 잘 사는 것은 아니다. 잘 사는 사람과 못 사는 사람, 고귀한 인물과 비천한 인물, 장수하는 인물과 요절하는 인물 등이 있다. 이런 차이는 어찌하여 생기는 것일까? 서울은 어찌하여 대한민국의 1/4이 모여 살고, 시골 마을은 어찌하여 사는 사람들이 적을까? 선조는 어찌하여 임금님이 되어 파란만장한 임진왜란을 겪어야 했을까? 대재벌 총수들은 특별히 선택받은 인물일까? 왕과 대통령은 어찌하여 나라님이 되었을까? 희로애락(喜怒哀樂)과 흥망성쇠(興亡盛衰)는 어찌하여 생길까?

수십 억 인구 중 천태만상의 길흉화복이 제각기 다르고 생사가 유별할까? 과학 만능 시대에 삼라만상을 우리는 얼마나 알까? 1/10일까? 1/1억 조일까? 우주를 정복하기 위하여 인공위성으로 별나라에 가는 과학 만능 시대에 가상학은 존재할까? 너나 할 것 없이 노력만으로 부귀권세를 누릴 수 있을까? 인간의 운명은 누가 좌우할까? 부귀빈천, 행복과 불행을 지배하는 섭리는 무엇일까? 무한한 공간과 시간은 어떠한 법칙에 따라 운행될까? 환경에 적응하는 동식물(動植物)은 생존하고, 환경(Environment)에 적응하지 못하는 동식물은 멸종되었다. 정신인 양(陽)과 육체인 음(陰)이 융화됨이 살아있음이요, 정신과 육체가 분리됨이 죽음이다.

음(陰)의 변화는 느리고 양(陽)의 변화는 신속하다. 명당지역에서 귀인 나고, 험준한 두메산골에서 빈 천자 난다. 어떤 마을에선 수백 명의 선생님, 교수, 박사가 나고, 어떤 집에선 쌍둥이가 태어나고, 어떤 집에선 부자가 난다. 어느 검사가 범죄를 연구하다 범죄 종류와 주위 환경, 그리고 집 모양에 따라 좌우됨을 발견하게 되었다고도 한다. 맹모삼천지교(孟母三千之敎)도 결국은 환경학(Environment)이다. 집 모양이 태교(胎敎)에 영향을 미침은 지대하다.

잘 되는 가문은 고목에서도 꽃이 핀다. 잘 되는 가문은 가시나무에서 수박이 열린다. 무엇이 도왔기에 저렇게 잘 될까? 환경의 정기가 나쁘면 모든 생물에 미치는 영향도 나쁘다. 환경의 정기가 좋으면 모든 생물에 미치는 영향도 좋아진다. 저자는 이러한 환경의 영향, 즉 집의 터, 집 안의 인테리어를 바꾸어줌으로써 흉한 기운을 멀리하고 길(吉)한 기운을 가져다줄 수 있는 풍수와 실내디자인으로 그동안 본인만이 알 수 있는 나쁜 운을 좋은 운으로 바꾸어줄 수 있는 비법을 집필하게 되었다. 코로나19로 모두가 경제적, 사회적, 정신적으로 어렵다고 하는 현 시대 풍수와 인테리어로 당신만의 기운을 만들어 모두가 함께 행복한 세상을 만드시길 바란다.

- 2020년 11월 27일, 저자 일동

CONTENTS

머리글   4

제1장 | 풍수(風水) 풍수이야기   20

풍수의 지형 공간   23
한반도의 풍수   26
기(氣)   28
방위(方位) 방향(方向)의 길(吉) 흉(凶)   30

제2장 | 한양(漢陽) 국도(國都) 풍수이야기   34

존경모(尊敬母) 인테리어   36
멋진 엄마로 실내디자인   37
중앙에서 본 방위   38

제3장 | 남경(南京; 한양, 한성, 서울) 풍수이야기   42

인기 있는 여성 인테리어   43
아름다운 청춘(青春) 실내디자인   44
변비(便秘) 불안(不安) 초조(焦燥) 원인 실내디자인   45
남국풍(南國風) 침실(寢室) 실내디자인   46

제4장 | 하회(河廻)마을 풍수이야기   50

비밀(祕密) 인테리어   52
비밀색(祕密色) 실내디자인   52
비밀(秘密)이 새는 곳 실내디자인   53

제5장 | 하회탈 별신굿 풍수이야기 — 56

훌륭한 사위 인테리어 — 56
여아성격(女兒性格) 실내디자인 — 57
남동방(南東房) 실내디자인 — 58

제6장 | 천도론(遷都論) 풍수이야기 — 62

중학(中學) 인테리어 — 65
양광 햇볕 실내디자인 — 65
북안정신뢰(北安定信賴) 실내디자인 — 66

제7장 | 삼대적덕(三代積德) 풍수이야기 — 70

좌천퇴직(左遷退職) 인테리어 — 71
길흉장식(吉凶裝飾) 실내디자인 — 72
조력현모양처(助力賢母良妻) 실내디자인 — 73

제8장 | 성룡(成龍) 풍수이야기 — 78

남편의 바람기 주색(酒色)잡기 인테리어 — 80
북서(北西)쪽 실내디자인 — 80

제9장 | 경천지주(驚天之柱) 풍수이야기 — 84

수험생 일류대학(一流大學) 인테리어 — 85
아들방(子息房) 실내디자인 — 86
딸방(女兒房) 실내디자인 — 87
책상(冊床) 실내디자인 — 88

제10장 | 신비한 우주(神秘한 宇宙) 풍수이야기 — 90

재취직(再就職) 인테리어 — 91
능률향상(能率向上) 실내디자인 — 91
문제(問題)의 요인(要因) 주의할 점 — 92

제11장 | 길기감응(吉氣感應) 풍수이야기　　　　　　96

풍악신경(風樂神境)　　　　　　　　　　　　96
밝고 명랑 인테리어　　　　　　　　　　　　97
중앙황금(中央黃金) 실내디자인　　　　　　　97
현모양처행운(賢母良妻幸運) 실내디자인　　　98

제12장 | 천상(天上)은 어디에 풍수이야기　　　102

이웃사촌 인테리어　　　　　　　　　　　　103
현관방향(玄關方向) 실내디자인　　　　　　　103
깨끗한 현관 유지하기　　　　　　　　　　　105

제13장 | 경성지세(京城地勢) 풍수이야기　　　108

남편자영업(男便自營業) 인테리어　　　　　　111
손잡이 실내디자인　　　　　　　　　　　　111
독립운(獨立運) 실내디자인　　　　　　　　　112

제14장 | 완사명월(浣沙明月) 풍수이야기　　　114

정삼품(正三品) 대부송(大夫松)　　　　　　　115
천재교육(天才敎育) 인테리어　　　　　　　　115
재능방위(才能方位) 실내디자인　　　　　　　116
기획권위발전(企劃權威發前) 실내디자인　　　116
예술 교사 법률 실내디자인　　　　　　　　　117
사업(事業) 실내디자인　　　　　　　　　　　117
학자 작가 두뇌활용 실내디자인　　　　　　　118

제15장 | 동란서란(東卵西卵) 풍수이야기　　　120

현명(賢明)한 며느리 인테리어　　　　　　　　120
상속자(相續者) 실내디자인　　　　　　　　　121
여성을 부르는 방 실내디자인　　　　　　　　121

제16장 | 천년문필(千年文筆) 풍수이야기   124

신도안(新都安) 이야기   124
입학(入學) 인테리어   125
영재(英才) 실내디자인   126

제17장 | 회동(會洞) 풍수이야기   130

취직 입사(入社) 인테리어   131
시험(試驗) 잘 보기 실내디자인   131

제18장 | 선비 표상(表象) 풍수이야기   136

여성사업가(女性事業家) 인테리어   137
사업행운(事業幸運) 실내디자인   137
서재(書齋) 실내디자인   138
도자기(陶磁器) 실내디자인   138

제19장 | 연화부수(蓮花浮水) 풍수이야기   142

출세(出世) 인테리어   144
남편의욕(男便意慾) 실내디자인   144
북서(北西) 북동수(北東水) 실내디자인   145

제20장 | 양택소응(陽宅所應) 풍수이야기   148

재회(再會) 인테리어   148
마무리 실내디자인   149
중년미(中年美) 실내디자인   150

제21장 | 조선발생지(朝鮮發生地) 풍수이야기   152

이혼(離婚) 인테리어   153
자손장래(子孫將來) 실내디자인   154
재혼(再婚) 실내디자인   154

제22장 | 길지유래(吉地由來) 풍수이야기　　　　　　　158

결혼운(結婚運) 인테리어　　　　　　　　　　　　　159
결혼운(結婚運) 남동(南東) 실내디자인　　　　　　160
북욕실(北浴室) 실내디자인　　　　　　　　　　　161
과거남자(過去男子) 실내디자인　　　　　　　　　162
결혼 방위　　　　　　　　　　　　　　　　　　　163

제23장 | 봉대왕(蜂大王) 풍수이야기　　　　　　　166

음양택(陰陽宅)　　　　　　　　　　　　　　　　166
부모자녀(父母子女) 인테리어　　　　　　　　　　167
흉방위청결(凶方位淸潔) 실내디자인　　　　　　　167
남이별(南離別) 실내디자인　　　　　　　　　　　169
이성금전(異性金錢) 실내디자인　　　　　　　　　170

제24장 | 남동아(南東亞) 풍수이야기　　　　　　　174

부동산운(不動産運) 인테리어　　　　　　　　　　176
토지행운(土地幸運) 실내디자인　　　　　　　　　176
주택운(住宅運) 실내디자인　　　　　　　　　　　178

제25장 | 숙종의 서찰(肅宗의 書札) 풍수이야기　　180

항상청춘(恒常靑春) 인테리어　　　　　　　　　　181
동(東)부엌 실내디자인　　　　　　　　　　　　　182
북두단면(北頭短眠) 잠 보약 실내장식　　　　　　184

제26장 | 무학대사(無學大師) 풍수이야기　　　　　188

봉래양사언(蓬萊陽士彦)　　　　　　　　　　　　188
부(富)자 돈이 따르게 하는 인테리어　　　　　　　189
석양(夕陽)별 실내장식　　　　　　　　　　　　　189
베이지 벽(壁) 실내디자인　　　　　　　　　　　　190
가죽 의자 소파 실내디자인　　　　　　　　　　　191

제27장 | 자연의 신비(自然의 神秘) 풍수이야기　194

스트레스 인테리어　195
욕실(浴室) 타올 실내디자인　196
편한 식사 실내디자인　197
행운침실(幸運寢室) 실내장식　198

제28장 | 해인사화염(海印寺火焰) 풍수이야기　202

부부금실 잉꼬부부 인테리어　203
북욕실(北浴室) 실내디자인　203
서침실(西寢室) 실내디자인　205

제29장 | 청홍선(靑紅扇; 청홍색의 부채) 풍수이야기　208

연인(戀人) 인테리어　210
연인운(戀人運) 실내디자인　211

제30장 | 물명당(水明堂) 풍수이야기　214

재물운(財物運) 인테리어　215

제31장 | 금주산(金珠山) 풍수이야기　220

권태기(倦怠期) 인테리어　220
밤(夜) 부부생활을 위한 실내디자인　221
부부 대화(對話)를 위한 실내디자인　222

제32장 | 고불 인침정(古佛 印沈亭) 풍수이야기　224

다정한 여생(多情한 餘生) 인테리어　225
대화공간(對話空間) 실내디자인　226

제33장 | 흑두타(黑頭陀) 풍수이야기　228

갱년기(更年期) 인테리어　229
남북도로(南北道路) 실내디자인　230

제34장 | 개천명(改天命) 풍수이야기 — 234

노후자금(老後資金) 인테리어 — 236
노후수입(老後收入) 실내디자인 — 236
고부(姑婦)갈등 실내디자인 — 236

제35장 | 자미원(紫微垣) 풍수이야기 — 240

노후이혼(老後離婚) 인테리어 — 242
남문서창(南門西窓) 실내디자인 — 242

제36장 | 금수강산(錦繡江山) 풍수이야기 — 246

노후친구(老後朋友) 인테리어 — 247
현관(玄關) 실내디자인 — 247

제37장 | 보덕화상(普德和尙) 풍수이야기 — 250

상속(相續) 인테리어 — 251
북동요철(北東凹凸) 실내디자인 — 252
북동(北東) 북서수(北西水) 실내디자인 — 252
침실(寢室) 실내디자인 — 253

제38장 | 산수갑산(山水甲山) 풍수이야기 — 256

고부갈등(姑婦葛藤) 인테리어 — 257
고부다정(姑婦多情) 실내디자인 — 259

제39장 | 대왕래명당(大王來明堂) 풍수이야기 — 262

햇것 동(東) 실내디자인 — 263
노망(老妄) 실내디자인 — 264

제40장 | 양반 상놈 풍수이야기 — 266

독신녀(獨身女) 인테리어 — 268
북현관(北玄關) 실내디자인 — 269
화려한 화장대(化粧臺) 실내디자인 — 269

제41장 | 왕십리(往十里) 풍수이야기   272

미육체(美肉體) 아름다운 몸 인테리어   273
한색(寒色) 실내디자인   274
의지약(意志弱) 실내디자인   275

제42장 | 서오명릉(西五明陵) 풍수이야기   278

자가(自家) 내 집 마련 인테리어   279
길 정보(吉 情報) 실내디자인   280
행복가(幸福家) 실내디자인   281
대지운(大地運) 실내디자인   282
건물운(建物運) 실내디자인   282

제43장 | 건천(乾川) 풍수이야기   286

금전운(金錢運) 인테리어   286
북(北)부엌에 쌓이는 돈 실내디자인   287
동(東)부엌 외환 시세 실내디자인   287
남(南)부엌 귀금속 실내디자인   288
서(西)부엌 고급감 실내디자인   289

제44장 | 혈심불견(穴心不見) 풍수이야기   292

행운석(幸運石) 인테리어   293
보관장소(保管場所) 실내디자인   293
보석화색(寶石花色) 실내디자인   295

제45장 | 무수리 풍수이야기   298

행복결혼(幸福結婚) 인테리어   298
남동난색(南東煖色) 실내디자인   299

제46장 | 황손이인(皇孫異人) 풍수이야기   302

당첨(當籤) 인테리어   303
직감력(直感力) 실내디자인   303
당첨장소(當籤場所) 실내디자인   305

제47장 | 장희빈 항아리 풍수이야기   308

재(財)테크 인테리어   309
취침중행운(就寢中幸運) 실내디자인   309
동창행운(東窓幸運) 실내디자인   309

제48장 | 여불위 계략(呂不韋 計略) 풍수이야기   312

남녀아(男女兒) 인테리어   314
아들(男兒) 실내디자인   314
여아(女兒) 실내디자인   315

제49장 | 세계제일명당(世界第一明堂) 풍수이야기   318

행복야(幸福夜) 인테리어   319
수원인(水原人) 실내디자인   320
남동침실(南東寢室) 실내디자인   320

제50장 | 거부와 대비(巨富와 大妃) 풍수이야기   322

학습(學習) 인테리어   323
방위색(方位色) 실내디자인   324
운동(運動) 실내디자인   324
문화(文化) 실내디자인   325

〈부록〉 동양철학(東洋哲學) 사상의학(思想醫學) 체질의학(體質醫學)   328

제1장.

풍수風水
풍수이야기

　　풍수(風水)는 인간이 자연환경에 적응하기 위한 생활방식을 터득하는 데서 시작되었으며, 문명이 발전하기 전부터 인간은 자연환경을 경험하고 합리적인 생활방식을 터득하게 되는데, 이 과정에서 상택(相宅)이라는 부분이 부각되면서 풍수가 시작되었다. 풍수는 바람(風)과 물(水)이다. 바람은 감추고 돈을 부르는 물은 모은다는 장풍취수(藏風聚水)의 줄임말이다. 주택을 짓거나 묘지를 쓸 때 앞에는 강이나 개울이 있고, 뒤에는 바람을 막는 언덕이나 산이 있는 배산임수(背山臨水)로 장풍취수의 전형이다. 앞뒤로 안정을 이루어야 하는 풍수는 기(氣)로써 이기(理氣)와 형기(形氣)로 나눈다. 기는 바람과 같이 손에 잡히지 않고 무게도 없다.

　　중국을 비롯한 한반도에서는 겨울철 차가운 북서풍을 견디어야 하는 대륙성 자연환경이 문제시 되었다. 그래서 대륙성 자연환경에 맞는 생활방식을 찾았는데, 대표적인 것이 남향의 집과 추운 겨울 북서풍을 막을 수 있는 지형에 의탁하여 집터를 형성하는 것이었다. 또한 인간이 삶을 영위(營爲)하기 위해서는 바람을 막는 것도 중요하지만 취수(取水), 즉 물을 얻는 것도 중요하였다. 이렇게 바람을 막고 물을 얻는 데서 풍수는 시작되었다. 풍수에서는 이러한 일련의 과정을 '장풍득수(藏風得水)'라 하는데, 장풍득수의 줄임말이 '풍수'이다.

풍수의 기원은 고대 중국의 황토 고원지대에서 굴을 파서 흙굴집을 짓고 살던 사람들로부터 시작되었다고 본다. 풍수에서는 좋은 터를 혈(穴)이라고 한다. 혈의 어원을 살펴보면 흙굴방(土室, cave)이라는 뜻으로, 바로 굴을 파서 주택을 만드는 흙굴집을 의미하는 것이다. 이러한 풍수의 발생적 특징은 풍수가 단순히 미신적 행위와 주술적 행위를 통한 술수적 측면만 있는 것이 아니라 자연환경을 경험하면서 발생한 실증적 측면이 강한 학문이라는 것을 보여주고 있다.

풍수의 기원에서 알 수 있듯이 풍수는 장풍득수를 할 수 있는 좋은 땅을 혈(穴)이라고 부르는데 혈이라는 이상적인 장소를 찾아 정주(定住)하는 데 있다. 이러한 정주 공간의 공간적 특징으로는 산을 기대고 물을 얻는 배산임수(背山臨水)의 지형을 이상적으로 가정하고 있다. 배산임수의 지형 공간을 좀 더 구체적으로 살펴보면 다음과 같다. 먼저 혈로 가정되는 정주 공간을 중심으로 뒤에는 병풍처럼 받쳐주는 배산(背山)이 있고, 좌측과 우측으로 바람을 막아주는 산이 있어야 한다. 그리고 혈 앞으로 물이 있고, 물 너머로 앞에서 불어오는 바람을 막아주는 산이 있어야 한다. 풍수에서는 정주 공간의 사면을 산이 막아주고, 그 사이로 물이 흐르는 자연 지형을 명당 공간(明堂空間)이라 한다.

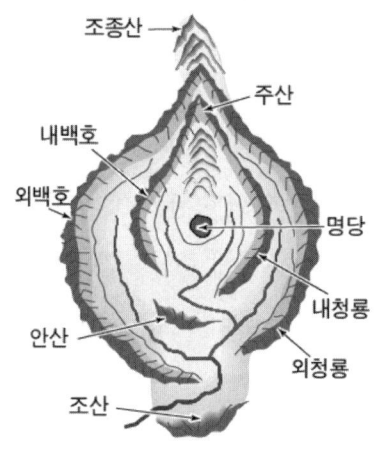

이러한 지형적 특징을 풍수적 용어로 해석하면 다음과 같이 풀이된다. 배산이 되는 산을 주산(主山)이라고 하며, 혈을 중심으로 좌측과 우측에서 바람을 막아주는 산을 청룡(靑龍)·백호(白虎)라 한다. 여기서 좌측의 산을 청룡, 우측의 산을 백호라 한다. 그리고 물을 건너 앞에 있는 산을 안산(案山)이라 하고, 안산 너머에 펼쳐진 수많은 산을 조산(朝山)이라 한다. 풍수에서 가정한 이상적 공간은 혈을 중심으로 주산과 청룡·백호, 그리고 안산과 조산이 감싸는 지형을 이루는 것이다. 풍수에서는 주산과 청룡·백호, 조안산을 사신사(四神砂)라고 한다. 그리고 배산이 되는 산을 북쪽을 상징한다고 해서 현무(玄武)라고도 하며, 안산은 남쪽을 상징한다고 해서 주작(朱雀)이라고 표현하기도 한다.

풍수의 지형 공간

풍수에서 가정한 이상적 공간은 주변의 산이 사면을 감싸는 공간으로 원형적 지형 공간을 추구한다. 이러한 원형적 공간은 지형의 특성상 공간의 안정성을 가져다준다. 현대의 정주 공간은 주변의 자연을 경관으로 끌어들이는 것을 선호하여 조망을 위한 트인 공간을 선호한다. 하지만 풍수에서는 현대와 같이 트인 공간보다는 내적인 안정감을 위한 막힌 공간을 선호한다. 그리고 정주 공간은 혈로 가정된 곳으로 산을 타고 흐르는 기(氣)가 응축되어 있다고 본다. 여기서 혈은 살아있는 사람들을 위한 공간으로 양택(陽宅)을, 죽은 사람들을 위한 공간으로 음택(陰宅)을 모두 포함한다. 혈의 공간을 좀 더 넓혀보면 마을 또는 읍치 단위까지 가정한 양기(陽基)의 넓은 범위를 포함할 수 있다. 광의로 본다면 국가적 통치의 공간도 혈의 공간으로 포함할 수 있다.

우리나라에서 풍수는 통일신라시대부터 고려시대까지는 양택 또는 양기를 중심에 두었으며, 조선시대에는 음택을 중심에 두고 있다. 그리고 현재 남아있는 대부분의 풍수서는 조선시대에 발견된 것으로 음택을 중심으로 하는 책들이 대부분이다. 풍수에서의 공간은 양택이든 음택이든, 양기든 음기든 태조산(太祖山)에서 시작해서 중조산(中祖山), 소조산(小祖山), 주산(主山), 혈(穴)로 이어지는 산맥의 조종적(祖宗的) 흐름을 중요시 한다. 이러한 산맥의 조종적 흐름은 혈이 단순히 존재하는 것이 아니라 뿌리를 가진 필연적 연결고리로써 가치를 가진 존재로 본다는 것이다. 조종적 연결을 가진 혈과 주변의 자연 지형이 유기적(有機的)으로 결합된 공간에 혈이 존재한다는 의미를 함축하고 있다.

풍수에서 자연 지형은 용혈사수(龍穴砂水)와 향(向)이 유기적(有機的)으로 결합되어 인간에서 많은 영향을 준다고 설명하고 있다. 동양적 사고에서 산은 선형적이고 유동적인 흐름을 하고 있는 것으로 판단하여 상징적 동물인 용(龍)으로 비유하고 있다. 그래서 풍수에서는 산을 용이라 하고, 땅의 기운, 즉 지기(地氣)가 운행하는 통로로 보았다. 그리고 이 용을 통해서 흐르는 기가 물을 만나면 운행을 멈추게 되는데 이곳을 혈(穴)이라 한다. 그리고 지기는 바람을 만나면 흩어진다고 인식하여 바람을 감추는 주변의 지형이 필요로 하는데 이것을 사(砂)라고 한다. 물은 기를 멈추게 하고, 물의 모양에 따라 길흉의 척도로 삼는다. 용의 흐름과 물의 흐름에 맞는 이상적인 방향을 향(向)이라 한다. 이들 용혈사수와 향이 유기적인 형태로 결합하여 이상적인 공간을 만들게 되면 이것을 명당이라 하고, 이곳에 양택과 음택을 조성하게 되면 복을 받는다고 강조하고 있다.

풍수에서 자연은 단순히 인간의 지배를 받는 피동적 존재가 아니라 인간에게 영향을 주고받는 능동적 존재로 보고 있다. 혈이라는 공간에 음양택이 있으면 산맥을 타고 흐르는 기(氣)로 인해서 복을 받는데, 산의 모양에 따라 영향을 받는다고 보고 있다. 특히 배산의 모양을 중요시 하고 있다. 배산이 소의 모양이면 풍요를 주고, 뱀의 모양이면 자손이 번성한다고 보았다. 그리고 산은 그 모양에 따라 5가지로 표본을 정하고 있는데 목화토금수(木火土金水)라 한다. 산은 목화토금수(木火土金水)의 모양에 따라 인간에서 영향을 준다고 보았다.

한반도의 풍수

한반도와 만주를 중심으로 생활의 터전을 마련했던 우리 조상들은 그 기후에 맞는 생활방식을 터득하면서 우리만의 독특한 문화를 이루었다. 특히 한반도를 중심으로 한 생활문화는 우리 풍토에 맞는 집터 또는 묏자리를 잡는 방식에서 자리 잡게 되었다고 볼 수 있다. 풍수에서는 이것을 자생풍수라 한다. 우리 기후와 자연 지형에 맞게 집터를 잡고, 묘지를 조성하는 것은 넓게 보면 상택(相宅)이라는 관점에서 풍수가 된다고 할 수 있다. 특히 터에 대한 신성성(神聖性)은 땅을 어머니로 보는 지모관념(地母觀念)으로 승화되어 우리 전통의 토지관이 되었다.

통일신라 이후 중국의 풍수사상이 유학승을 중심으로 도입되었고, 우리의 전통의 상택 또는 토지관과 결합하여 비보풍수(裨補風水)라는 독특한 풍수이론이 정립하게 되었다. 도선(道詵)에 의해 주창된 비보풍수는 명당의 절대성과 불변성을 부정하고 불완전하고 취약한 땅이라도 인간의 노력으로 좋은 땅으로 만들 수 있다는 가변적(可變的) 명당관을 중요시 하는 이론이다. 대표적인 것으로 비보숲과 비보사찰 및 비보사탑을 들 수 있다. 마을 앞뜰로 바람이 들어오기 쉽거나 물이 넘치기 쉬운 경우 숲을 조성하여 마을의 안녕을 찾는 것에서 확인할 수 있다. 비보사찰 또는 비보사탑으로는 전라남도 화순군의 운주사를 대표적으로 들 수 있다. 이러한 비보풍수는 고려시대의 중요한 풍수논리가 되었다.

조선시대에는 중국의 풍수이론인 음택 풍수를 중심으로 발전하게 되었다. 조선 전기에는 형세론(形勢論)이 주류를 이루고 있었으며, 임진왜란 이후에는 형세론과 이기론(理氣論)이 공존하다가 조선 후기에는 도참적(圖讖的) 성격이 강화되면서 이기론이 주류를 이루게 되었다. 형세론은 앞에서 언급한 용혈사수를 통하여 명당의 길흉을 판단하는 이론이고, 이기론은 여기에 향을 더하여 향에 따른 길흉을 판단하는 이론이다. 여기서 이상적인 향의 방위는 음양택의 방위가 물이 혈을 지나 빠져 나가는 방위와 합리적으로 배치되는가를 판단하는 이론이다. 여기서 물이 빠져 나가는 곳을 파구(破口)라 한다. 합리적인 방위의 기준은 파구의 방위와 음양택의 방위가 음양(陰陽)의 논리와 오행(五行)의 논리, 주역(周易)의 논리를 적용하여 부합하는가에 있다.

이러한 이기론은 특히 임진왜란과 병자호란을 거치면서 전쟁과 질병, 수탈에서 벗어나 피안의 세계를 그려 민중들의 심리와 부합되었고, 도참적 성격이 강한 비결서의 책들이 만들어지게 되었다. 특히 전쟁과 질병을 피할 수 있는 명승지로써 십승지(十勝地) 또는 전국의 명당을 풍수적 상징성으로 소개하는 결록류(訣錄類)가 여기에 해당한다. 결록류에 대표적인 것으로 도선국사결록(道詵國師訣錄), 무학비기(無學秘記), 손감묘결(巽坎妙訣), 명산록(名山錄), 명산도(名山圖), 산도(山圖) 등의 책을 들 수 있다. 그리고 풍수이론서도 발간되었는데, 한반도에 맞는 풍수이론을 재정립한 것은 찾아볼 수 없으며, 대부분 중국의 풍수이론을 소개하거나 요약해서 필사한 것이 주류를 이룬다. 그런데 일부 내용에서 우리 정서에 맞는 독특한 이론을 볼 수 있다. 대표적인 것으로 교산금두경(喬山金斗經), 일편금(一片金), 무기해(戊己解) 등이 있다. 현대의 풍수이론은 새로운 이론과 적용의 다양화를 추구하며 발전하고 있다. 특히 과학적 사고와 실증적 사고를 중요시 하여 통계와 검증을 통한 이론정립에 힘쓰고 있다. 또한 다양한 분야에서 풍수를 접목하여 활용하는 시도가 이루어지고 있다.

기(氣)

천명(天命)의 사상에는 인명(人命)은 재천(在天)이요, 사람의 복록은 하늘에 달려 있다고 한다. 풍수는 바람(風)과 물(水)이다. 바람은 감추고 돈을 부르는 물은 모은다는 장풍취수(藏風聚水)의 줄임말이다. 주택을 짓거나 묘지를 쓸 때 앞에는 강이나 개울이 있고, 뒤에는 바람을 막는 언덕이나 산이 있는 배산임수(背山臨水)로 장풍취수의 전형이다. 앞뒤로 안정을 이루어야 하는 풍수는 기(氣)로써 이기(理氣)와 형기(形氣)로 나눈다. 기는 바람과 같이 손에 잡히지 않고 무게도 없다.

알게 모르게 "기를 살리자, 기가 죽었다."라는 말을 한다. 생기, 사기, 분위기, 음기, 양기, 공기, 천기, 자기, 향기가 있고, 삶에 깊이 관여한다. 비단 풍수뿐 아니라 동양의 사상과 문명은 기의 개념을 떠나서는 설명되지 않는다. 기는 만물이 생성되고 변화하는 기본으로 기가 맑으면 오래 살고, 기가 탁하면 일찍 죽기도 한다. 생명을 유지하는 동력원의 추상적 요소에서 청탁이라는 개념까지 확장됐다. 살고 죽는 문제를 결정하는 중대한 의미의 기는 바람과 같이 손에 잡히지도 않고, 눈에 보이지도 않으며, 무게도 없다.

"기가 막힌다, 기가 차다, 기가 빠진다, 기가 죽었다."라는 표현은 일상에서 자연스럽게 표현된다. 기분이 좋으면 생기이고, 나쁘면 사기이다. 기분이 좋아지는 기가 있는 곳이 좋은 풍수의 환경이고, 나쁜 기운이 일면 좋지 않은 풍수이다. 기는 알게 모르게 우리 생활 속에 깊이 관여하고 있는 생활의 기본 요체이다. 풍수에서 볼 때 부자가 되는 비결은 의외로 간단하다. 풍수를 잘 활용하면 재화가 창출된다. 재물을 이루는 풍수의 기는 어느 한정된 계층이나 영역에 머물러 쓰이지는 않고 누구에게나 공평하기 때문이다. 명리든 풍수든 예외 없이 음양오행 팔괘 구성을 원리로 세웠다. 배산임수(背山臨水)요, 장풍취수(藏風聚水)를 말로만 암기한들 무엇하겠는가? 운명적 극복이 어려운 부분을 풍수는 자신의 의지와 함께 실천으로 좋은 기운을 얻고, 삶을 개선할 수 있다고 한다.

방위(方位) 방향(方向)의 길(吉) 흉(凶)

방위(方位)는 동(東), 서(西), 남(南), 북(北), 동서(東西), 동남(東南), 서북(西北), 서남(西南), 남북(南北), 남동(南東), 북동(北東), 북서(北西) 등등 사방팔방(四方八方)을 말한다. 각자의 사람마다 운세의 흐름이 다 다르듯이 방위 방향에 따라서 운세가 다르며, 방위에 따라서 길(吉)과 흉(凶)이 다르다. 방위의 길흉에 따라 심성(心性)이나 성격이 달라지며, 대인이나 집안 가정이 번영하기도 하고, 몰락하기도 하므로 방위의 선택은 매우 중요하다. 가정에서는 가정의 중심인 가장(家長)의 방위가 가장 중요하며, 부부 자녀들의 방위도 중요하다.

방위에 따라 길(吉)과 흉(凶)이 있다. 일반적으로 동(東) 방위는 희망운, 남동(南東) 방위는 재능운, 남(南) 방위는 명예운, 북서(北西) 방위는 재물운, 북(北) 방위는 주거운, 북동(北東) 방위는 가족운을 나타낸다. 방위(方位)는 자신이 가장 많이 생활하는 곳인 집을 중심으로 정하며, 가족의 구성에 따라서 길(吉) 방위와 흉(凶) 방위가 따로 있다. 방위로 개운하는 방법은 자신에게 좋은 방위의 집이나 명당터에 살거나 좋은 방위에서 사업이나 활동하거나 좋은 방위를 향해서 잠을 자거나 실내디자인으로 가구의 위치를 잘 배치하면 길(吉)과 흉(凶)의 방편으로 화복하고, 건강한 백년회로의 운을 가져온다.

동(東)은 젊음, 건강, 도전, 부동산 활용, 배움, 부지런, 정보의 동(東)이다. 서(西)는 결실, 풍요, 즐거움, 승부, 금전문제 해결에 힘을 도와주는 방위다. 남(南)은 발전, 화려, 독선, 미모, 이별의 정기(精氣)가 있다. 특히 남(南)은 발전, 화려, 독선, 미모, 이별의 능력이나 실력을 확고히 만들어주는 방위다. 북(北)은 지혜, 희망, 창조, 변화, 부동산, 새로 출발하는 정기(精氣)가 있다.

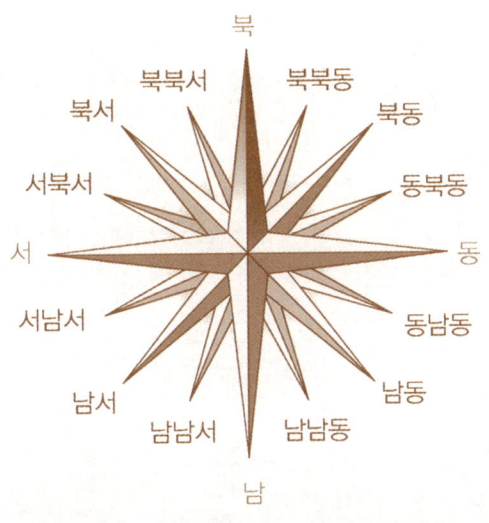

〈방위는 항상 중앙 기준〉

제2장.

한양漢陽 국도國都
풍수이야기

　현재 대한민국의 도읍지 한양(漢陽), 즉 수도 서울은 고구려의 공격을 받아 공주로 옮길 때까지 백제의 국도(國都)였다. 고구려의 평원왕이 한양을 도읍으로 정했다는 설이다. 고려 중엽에 서울의 남산인 목멱산(木覓山)에 궁궐을 지어 남경(南京)이라 하였으며, 이곳으로 천도하려고 하였다. 조선 태조 이성계가 개성에서 즉위하고, 무학대사의 말을 들어 백악의 남쪽 기슭에 경복궁을 지어 국도(國都)를 이전하였다. 또한 정종 때 일시적으로 개성으로 환도했지만 태종 이후로는 국도로 변함이 없었다. 한양(漢陽), 지금의 서울은 북백악(北白岳), 남남산(南南山), 서인왕(西仁旺), 동낙타산(東駱駝山)의 산들이 자연스럽게 성곽을 이루고, 한강물은 성 밖의 남동 일대를 둘러 감싸 안아 산하금대(山河襟帶; 산이 옷깃처럼 둘러싸여 우뚝 솟아있고, 강이 띠처럼 감돌면서 흘러 자연의 요해지를 이루고 있음을 이르는 말) 형승지(形勝地)다.

북의 삼각산, 백악, 북한산은 화산(火山)으로 강원도 분수령에서 금강산으로 용발하였다가 구불구불 기복 굴곡하면서 양주 남서의 도봉(道奉)을 일으켜 돌기(突起; 어떤 것의 일부가 뾰족하게 내밀거나 도드라짐)한 산이다. 백운(白雲; 하얀 구름), 국망(國望), 인수(仁壽)의 삼봉이 구름 속에 솟아 세 개의 각(角)을 이루어 삼각(三角)이라 이름 지어졌다. 국망봉(國望峯)은 만경대(萬景臺)인데 산하가 만경처럼 들어온 데서 유래했다. 국망(國望)은 이성계가 무학을 시켜 국도(國都)를 선절할 때 국도를 망상(望相)한 데서 기인했다. 인수봉은 백운의 동(東)에 있으며, 인자요산(仁者樂山; 어진 사람은 의리에 만족하여 몸가짐이 진중하고 심덕이 두터워 그 심경이 산과 비슷하므로 자연히 산을 좋아함) 인자수(仁者壽; 어진 이는 장수한다.)란 뜻이다.

　　백악은 북악이라 삼각산 남(南)에 있다. 모란꽃이 필 듯한 봉우리와 같다. 서울의 진산으로 산기슭에 궁궐을 지었다. 남산은 종남산(終南山), 목멱산(木覓山)이다. 남산의 최고봉은 잠두(蠶豆; 마치 누에머리와 같은 데서 마을 이름이 유래되었다. 누에머리, 눈머리라고도 하였다.), 용두(龍頭)라 한다. 서울의 안산이다. 한수는 한강이다. 북동에서 흘러와서 만산의 남쪽을 감돌아 서(西)로 흘러 사라짐을 볼 수 없고, 북(北)은 한탄강과 임진강이 합수하여 서(西)로 흐르다가 한강과 만나 서해바다에 이른다.

　　백악과 인왕산 사이에서 발생하여 동(東)으로 흘러 도성의 중앙을 가로지르는 개천이 청계천이다. 백악, 인왕, 남산의 계곡물을 모아 남동쪽으로 흐르는 물이 중량포에서 한강과 합수한다. 서울은 개천이 궁궐 앞을 북에서 남동으로 돌아 명당수가 되고, 한강은 북동에서 남서로 남산을 감돌아 도성을 포옹했다. 청계천은 금(襟)이고, 한강은 대(帶)로 산하금대(山河襟帶)로다. 산하금대는 산이 옷깃처럼 둘리고, 강이 띠처럼 주위를 돌아 흐르는 형세라는 뜻으로, 이는 고대 부족국가시대부터 도읍을 정하는 기준이 되어왔다. 평화전망대에서 저 멀리 평강고원으로부터 철원평야까지 면면히 이어지는 태봉국도성을 바라보면 산하금대(山河襟帶)가 무엇을 의미하는지, 궁예가 왜 이곳에 도읍을 정했는지 저절로 알게 된다.

땅(山水)과 그곳에 사는 사람의 길흉화복(吉凶禍福)과의 관계를 설명하는 것이 풍수지리사상(風水地理思想)이다. 풍수지리(風水地理)는 본래 지리가 인간의 운명을 결정한다는 생각에서 출발하였다. 인문지리학에서는 지구 표면의 자연현상과 인간생활과의 관계를 설명하는 데 비해 풍수지리설에서는 지표 밑에 흐르는 지기(地氣, 生氣)라고 하는 무형적인 힘과 인간생활과의 관계를 설명한다.

존경모(尊敬母) 인테리어

우리 가정은 예로부터 모계사회이다. 아버지보다 어머니의 바다와 같이 한없이 넓은 마음과 사랑에 의하여 자녀들은 자란다. 자녀들은 어머니가 착하고 훌륭하게 키우려고 꾸짖으면 잔소리에 익숙해서 흘려버린다. 부모가 자손으로부터 받는 스트레스는 어쩔 수 없는 숙명이다. 부부 사이에 희망이 없으면 체념할 수 있지만 자식은 그럴 수 없다. 건성으로 듣는 남편 때문에 주부의 마음은 허전하다. 스트레스는 자식에서 시작되어 자식으로 끝난다.

멋진 엄마로 실내디자인

자녀가 주는 스트레스를 해소하려면 거실이나 주방 실내디자인이 포인트이다. 자녀의 공부를 도와주거나 대화하는 공간이 가장 중요하다.

(1) 부모(父母)는 극음, 정력, 남녀 간 사랑, 감춘 돈, 안정, 창의,

신뢰를 받으려면 북(北)이나 저장, 결실, 수확, 풍요, 나태, 화제, 센스, 귀여움, 순결, 깨끗, 고요, 편안, 재미있고 사랑어린 서(西)쪽에 앉는다.

(2) 자녀(子女)는 젊음, 건강, 새로운 도전, 정보, 성장, 발전, 부지런, 배움은 동(東)쪽이나 두뇌, 활동, 예술, 정치, 첨단, 발전, 집중력, 어학, 다변, 만남, 이별, 명성, 미모, 영감, 전진 등은 남(南)쪽에 앉는다.

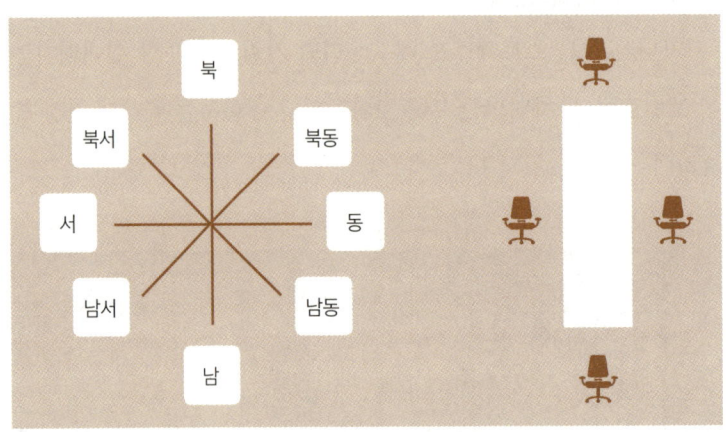

중앙에서 본 방위

(1) 동(東)쪽 : 젊음, 건강, 도전, 부동산 활용, 배움, 부지런, 정보, 시대감각을 키울 수 있고, 자녀와 자연스럽게 대화를 할 수 있는 동쪽에 전화기, 티브이, 오디오, 시계를 배치하면 길(吉)하다.

(2) 서(西)쪽 : 저장, 결실, 수확, 나태, 센스, 귀여움, 순결, 깨끗함, 풍요, 신선, 고요, 편안, 즐거움, 결실 등을 원한다면 서쪽에 스탠드, 소파, 응접세트를 배치하면 길(吉)하다.

(3) 남(南)쪽 : 두뇌활동, 예술, 정치, 첨단, 전진, 어학, 다변, 미모, 명성, 영감, 교육 등 슬기롭고 성숙한 여성으로서 매력과 어른임을 느끼게 하기 위하여 남(南)쪽에 책, 잡지, 바다 풍경화, 여름 풍경화를 걸어두면 길(吉)하다.

(4) 북(北)쪽 : 신뢰, 안정, 융화, 건강, 사랑 등 부모의 침삭성이 생기는 방향 북(北)쪽에는 장식장, 캐비넷 등을 배치하고 식기, 유리잔을 넣어두면 길(吉)하다.

(5) 북서(北西)쪽 : 큰 활동력, 사회적 지위, 명성, 재산, 존경, 조력, 출세, 승부, 권위, 거울, 용(龍), 옥(玉) 등을 위하여 북서(北西)쪽에 상장, 트로피, 부부사진을 액자에 넣어두거나 벽에 걸어두게 배치하면 부모의 권위를 유지할 수 있고, 길(吉)하다.

(6) 남서(南西)쪽 : 멋진 엄마의 기본 근면, 유순, 충실, 순종, 현모양처, 인내, 원만한 노력 등을 위하여 남서(南西)쪽에 거울, 화장대, 옷 수납장을 배치하면 길(吉)하며, 자녀들이 멋진 엄마라고 생각한다.

(7) 남동(南東)쪽 : 출장, 상담, 거래, 결혼, 인연, 사회생활, 부자, 착함, 여자인 경우 우아, 상냥, 교제 등을 위하여 남동(南東)쪽에 스포츠용구, 꽃, 화장품을 두면 소탈하게 되어 사교적인

면을 나타내며 길(吉)하다.

(8) 북동(北東)쪽 : 저축, 이사, 이동, 변화, 희망, 창조, 지혜, 전근, 좌천, 부동산, 상처, 병, 의협심, 실수인 북동(北東)쪽에 관상수, 아이용품을 두면 길(吉)하다.

위의 동서남북 배치를 잘 새겨서 존경모(尊敬母)를 위한 방위의 배치를 잘 활용하시기 바란다. 또한 아이들이 자신의 문제로 괴로워할 때 잔소리하지 말자. 안아주고 함께 아파하자. 말 잘 듣고 이해해주는 아이라면 행복할 것이다. 이에 아이 방은 매일 매일 청소하고, 식탁에서 자녀의 공부를 가르치거나 숙제를 봐주는 습관을 길러라. 그리고 거실이나 주방에 꽃바구니나 과일바구니를 항상 놓아두게 되면 화목한 가정, 행복하고 건강한 가정을 이룰 수 있다.

제3장.

남경南京; 한양, 한성, 서울
풍수이야기

　고려 초 양주를 문종 때 남경으로 승격시키고, 신궁을 짓고, 이궁(離宮; 왕이 거둥할 때 머무르던 별궁[別宮])을 두었다. 그 후 고려 숙종 원년 이곳으로 국도를 천도하려 했으며, 숙종이 순열하게 되었다. 도선비기에 의하면 고려에 삼경이 있다. 이에 송악(松岳)을 중경(中京)이라 하고, 목멱양(木覓壤)인 서울을 남경(南京), 평양을 서경(西京)이라 하였다. 11월, 12월, 1월은 중경에서 살고, 3, 4, 5, 6월은 남경에서 살고, 7, 8, 9, 10월에는 서경에서 살면 36개국이 조공을 바친다 하였다. 중경과 서경은 궁궐이 있으나 남경에는 궁궐이 없으니 삼각산 남에, 목멱(木覓) 북편에 도읍을 정하도록 해야 한다며 숙종은 재신(宰臣) 일관(日官)에 명하여 남경 건설을 논의하게 하였다. 이에 왕자, 왕후와 함께 삼각산에서 관찰을 하였으며, 남경에 궁궐을 축조하는 것은 시간문제였다.

이에 신도시 조사를 마치고 돌아와 보고결과 삼각산 남쪽을 시찰하니 산의 형세가 비기에 부합하므로 궁터를 이곳으로 하는 것을 결론 내리고, 산의 중심맥이 통하는 곳에 궁터를 잡았다. 이것은 조선 태조가 국도를 서울에 정하여 궁궐을 짓는 것과 일치하였으며, 이성계가 고려 숙종이 계획한 것을 답습하게 된다. 남경은 고려 숙종만의 별궁만이 아니며, 삼경의 하나로 보는 것이 마땅하다.

동(東)은 대봉(大峯), 서(西)는 기봉(岐峰), 남(南)은 사리(沙里), 북(北)은 면악(面岳)으로 도성의 경계를 삼았으며, 조선의 성곽과 큰 차이가 없었다. 고려의 국왕은 남경을 신비의 땅으로 믿어 이곳에 행차하는 것은 연중행사였으며, 태조 왕건의 신의(神衣)를 이곳에 이안(移安)하기도 했다. 이러한 어의봉안은 왕의 행림을 대신함이며, 어의이안하면 국내의 안전과 국위를 선양함에 나라들이 조공케 함이다. 서울은 고려 초부터 국도로 취급되었으며, 처음엔 왕의 어의를 봉안하고, 그 후 왕이 겨울 동안 이곳에 머물렀다. 고려는 풍수상 도읍이었으나 조선은 실제의 국도가 된 것이다.

인기 있는 여성 인테리어

여성은 아이에게서 받는 스트레스, 시어머니, 시누이 시집살이에 멍든다는 말이 있다. 거기에 남편까지 속을 썩이면 거칠어질 수밖에 없다. 우아하고, 상냥하고, 상큼한 젊음, 상냥한 미소도 사라진다. 즉 결혼 십년이면 우아하고, 상냥하고, 예쁘던 아내가 어느 사이에 호랑이로 변한다. 그리고 눈가에는 주름이 생기며, 거울에 비친 모습을 보고 무슨 생각을 할까? 아마도 조금 예쁘게 입으면 시선을 끌고, 우아하고, 상냥한 젊은 시절로 되돌아가고 싶을 것이다. 멋진 여성이 되는 노력은 가정에 평화, 안정, 기쁨, 밝음을 되찾는 정기가 된다. 즉 가정 행운의 원천이다.

아름다운 청춘(靑春) 실내디자인

주부를 우아하고, 아름답게 변화시키는 힘은 성형수술이나 화장품으로는 안 된다. 아름답고, 우아하게 변화시킬 수 있는 방법이나 힘에는 현관, 부엌주방, 침실에 비밀이 있다.

(1) 현관과 부엌주방이 양지바르면 바람, 부자, 젊은 여자, 착함, 우아, 상냥함은 남동(南東)쪽에 있으며, 젊음, 건강, 배움, 부지런, 정보 등을 위하여 동(東)쪽에 있다.
(2) 침실의 위치는 저장, 결실, 순결, 즐거움, 고요, 편안함을 위하여 서(西)쪽에 배치를 하면 가장 이상적이다.
(3) 현관(玄關)은 사람과 행운이 드나드는 곳이다. 동(東)쪽이나 남동(南東)쪽에 젊음, 건강, 배움, 부지런함, 정보, 젊은 여자의 참신하고, 우아하고, 상냥한 정기가 서려 있다. 현관(玄關)에서 젊고, 상큼한 여성의 우아한 정기가 흡수된다.

변비(便秘) 불안(不安) 초조(焦燥) 원인 실내디자인

(1) 주방의 막힌 싱크대는 변비나 거친 피부의 원인이 되며, 가스레인지의 덮개가 더러우면 학교나 이웃에서 구설수에 오른다. 또한 레인지가 더러우면 부부다툼이나 고부갈등을 일으키며, 불안 초조하게 된다.

(2) 부엌주방은 어머니, 주부의 아성이라 부엌 길흉(吉凶)이 주부에게 직접 영향을 준다. 이에 레인지의 더러움과 바닥의 기름때를 항상 깨끗이 하고, 밝고 따뜻한 색으로 바꾸어라.

(3) 주방의 부엌에 강한 땅의 정기인 과도, 식칼, 스푼을 내어놓으면 흉(凶)하며, 식기류를 싱크대 안에 담아두어도 흉(凶)하다.

(4) 부엌주방에 시계 일정표를 걸자. 살벌한(산엄한) 느낌이 들면 창(窓) 근처에 관상수를 놓거나 벽에 그림을 걸면 길(吉)하다.

(5) 부엌주방이 동(東)쪽에 있으면 젊음, 건강, 부동산 활용, 배움, 부지런하고, 정보, 성장, 발전, 바람, 부자, 젊은 여성의 우아함, 상냥함, 교제 등의 영향을 가져다준다. 또한 남동(南東)쪽에 부엌이 있고, 창(窓)이 있으면 많은 행운을 부를 수 있다.

(6) 부엌의 동(東)쪽은 젊음, 건강, 부동산 활용, 도전, 배움, 부지런하고, 정보, 성장, 발전, 바람, 부자, 젊은 여성의 우아함, 상냥함, 교제인 남동(南東)은 악취를 싫어하니 쓰레기통을 두어

서는 안 된다. 부엌에 냄새가 서리지 않도록 환풍기를 설치하고 자주 사용한다.

(7) 바람, 부자, 젊은 여성의 우아함, 상냥함, 교제인 남동(南東) 쪽은 젊음, 건강, 부동산 활용, 도전, 배움, 부지런하고, 정보, 성장, 발전은 동(東)쪽에 현관(玄關)이 있으면 꽃으로 꾸미고, 신발장 위에 레이스를 깔고 꽃병을 두자.

(8) 현관(玄關)이 좁으면 꽃 그림을 걸자. 빨강, 오렌지, 핑크색 등 화려한 꽃이 상냥, 젊음, 우아, 상큼함을 가져다준다. 전등은 밝고 통풍이 잘 되게 하고, 필요 없는 신발이나 구두는 내놓지 말자.

남국풍(南國風) 침실(寢室) 실내디자인

침실(寢室)은 가능하면 저장, 결실, 풍요, 고요, 순결, 깨끗, 유흥, 화제, 나태, 즐거움, 편안한 서(西)가 길(吉)하다. 젊음, 건강, 부동산 활용, 배움, 부지런, 정보, 상장, 발전인 동(東), 젊은 여성의 우아, 상냥, 교제인 남동(南東)에 부엌, 현관(玄關)이 아니면, 침실(寢室)이라도 동(東), 남동(南東)의 정기(精氣)를 가져오는 실내장식으로 꾸민다. 침실(寢室)은 젊음, 건강, 부동산 활용, 배움, 부지런, 정보, 상장, 발전인 동(東), 출장, 상담, 거래, 남녀교제, 사회생활, 바람, 부자, 싱싱하고 젊은 여성의 우아, 상냥한, 교제, 결혼인 남동(南東)에 꽃 그림이나 남국을 연상시키는 사진 일정표를 건다. 침실(寢室)은 현관,

부엌 정기(精氣)를 억제하거나 강하게 바꾸는 역할을 한다. 레인지가 더러우면 부부싸움, 고부갈등이 생긴다.

　　마루는 벽돌색 비닐시트나 콜크타일, 플로어링 등이며, 벽타일은 중앙토(中央土)의 금전, 중후, 심중, 포용, 신념, 부드러움, 사랑인 황색, 오렌지 등 따뜻한 색이 길(吉)하다. 천정(天庭)은 흰색, 베이지색으로 하고 침대는 꽃무늬 천으로 항상 깔끔히 한다. 침대(寢臺)는 젊음, 건강, 부동산 활용, 배움, 부지런, 정보, 상장, 발전인 동(東)이나 두뇌활동, 예술, 정치, 젊은 여성의 화려, 쾌활, 집중력, 명성, 미모, 영감, 만남, 이별인 남(南)에 붙이고, 머리맡에 스탠드를 둔다. 막힌 싱크대는 거친 피부와 변비의 원인이다. 레인지 덮개의 더러움은 흉(凶)한 평판을 받는다.

제4장.

하회河廻마을 풍수이야기

경북 안동군 풍천면 물돌이동 하회마을이자, 유성룡의 외가는 의성군 점곡면이다. 낙동강 줄기가 서향하다 남향으로 다시 서향으로 흐르다 북향으로 올라가 다시 서향하니 물줄기가 돌아 산태국, 수태국을 이루어 물이 돌다 흐른다 하여 물돌이동 하회마을이로다. 화천(花川) 건너에 병풍처럼 솟아오른 부용대(芙蓉坮; 부용대라는 이름은 중국 고사에서 따온 것으로 부용은 연꽃을 뜻한다. 하회마을이 들어선 모습이 연꽃 같다는 데서 유래한 것으로, 하회마을을 가장 잘 바라볼 수 있는 곳이라 부용대라 부른다. 처음에는 '하회 북쪽에 있는 언덕'이란 뜻에서 '북애'라 불렸다. 아래로 낙동강이 굽이쳐 흐르는 곳에 옥연정사, 겸암정사, 화천서원이 자리하고 있다.)가 용발하여 아름답게 서있다. 연화부수형(蓮花浮水形; 연꽃이 물 위에 떠있는 형상을 가리키는 풍수지리)이다. 이름이 널리 빛날 인재(人才)가 난다. 풍산 유씨에서 많은 인물이 나고 번창했다는 곳으로 유명하다.

태백산맥에서 흘러나온 일월산(一月山)인 화산(花山)이 주산(主山)이다. 일자봉(日字峯)과 월자봉(月字峯)으로 쌍요악(雙曜岳)이라 불리우니 시인 조지훈의 고향인 일월산(一月山)으로 이어진 곳이 화산(花山)이다. 주산은 화산, 좌청룡은 남산, 우백호는 화산에서 내려온 북쪽 절벽, 안산(案山)은 원지산(遠志山)이므로 사신사(四神砂)의 중앙(中央)이 바로 하회마을로 양택명당이다. 청룡(靑龍)인 남산(南山)에 감투봉이 있어서 삼천귀인(三千貴人)을 이루고, 주작(朱雀)인 원지산(遠志山)은 문필봉(文筆峯)으로 현덕귀인이 난다.

명당 위에 진혈인 삼신당이 있다. 잘 짜여진 명당이지만 옥에도 티가 있듯이 원지산과 부용대 사이가 공허(空虛)하다. 이에 인공적으로 소나무를 심어 비보하니 만송정(萬松亭)이라 한다. 북서(北西)쪽이 낮아서 마을의 지기(地氣)를 흐려버리는 북서풍(北西風)을 막기 위함이다. 이렇게 좋은 곳에 집을 지어 살면 많은 훌륭한 인물이 난다. 지령(地靈)은 인걸(人傑)이다. 가야국 시조 김수로(金首露) 왕후인 허황옥(許黃玉)의 후손인 김해 허씨(許氏)가 처음 들어와 살았다. 다음은 광주(廣州) 안씨(安氏)가 들어와서 허씨(許氏)가 사는 화산 남쪽을 피하여 북서쪽 갯벌에 자리 잡고 살았다. 그 다음 입촌(入村)한 풍산 유씨(柳氏)는 하회의 정기를 받아 많은 인재를 배출했다. 그래서 허씨(許氏)가 터를 닦고, 안씨(安氏) 문전에 유씨배반(柳氏杯盤)이라고 한다.

비밀(祕密) 인테리어

절대로 밝힐 수 없는 비밀(祕密)도 있다. 드러나지 않게 장식으로 지키는 방법을 알아두어야 한다. 누구나 한두 가지 비밀을 가지고 있다. 남편 몰래 돈을 숨겨두거나 충동구매로 산 물건이라면 웃어넘길 수 있다.

비밀색(祕密色) 실내디자인

침실(寢室)을 비밀을 감추는 색으로 바꾸고, 욕실을 체크하고, 비밀색(祕密色)을 목적별로 나누어 이용한다. 욕실(浴室)에 황갈색(黃褐色)이나 갈색(褐色)용품을 두면 비밀을 지킨다. 과거비밀(過去秘密)은 암녹색이며, 남녀간비밀(男女間秘密)은 갈색, 금전비밀(金錢秘密)은 베이지색이다. 아무리 목적에 맞더라도 모두 커버해주지 않으니 주의가 필요하다.

비밀(秘密)이 새는 곳 실내디자인

부엌, 욕실, 현관, 침실을 비밀색(祕密色)으로 대처한다.

(1) 젊음, 건강, 도전, 부동산 활용, 배움, 부지런, 정보, 소리, 성장, 발전인 동현관(東玄關)

(2) 저장, 결실, 풍요, 나태, 대화, 화제, 유흥, 환락, 연애, 고요, 편안인 서(西)부엌

(3) 두뇌활동, 예술, 정치, 첨단, 발전, 전진, 다변, 집중력, 화려, 쾌활, 독선, 명성, 미모, 영감, 사교, 만남, 이별인 남침실(南寢室)

(4) 극음, 정력, 신뢰, 안정, 남녀 사랑, 감춘 돈, 자만, 교활, 융화, 화합, 성관계, 비밀, 협조인 북욕실(北浴室)은 비밀이 새어나가기 쉽다.

(5) 비밀이 새는 방은 집 중앙에서 볼 때 북욕실(北浴室)은 정력, 남녀 사랑, 감춘 돈, 안정, 신뢰, 창의, 융화, 협조성을 잃고

(6) 동현관(東玄關)은 젊음, 건강, 부동산 활용, 배움, 부지런, 정보, 성장, 발전, 맹목적으로 도전하고

(7) 남침실(南寢室)은 다변, 화려, 쾌활, 독선, 명성, 미모, 영감, 이별, 난폭하고

(8) 서(西)부엌은 저장, 결실, 풍요, 나태, 유흥, 연애, 환락이다.

(9) 젊음, 건강, 부동산 활용, 배움, 부지런, 정보인 동(東)에 문(門)이나 창(窓)이 있다.

(10) 나태, 대화, 유흥, 연애, 환락인 서(西)에 부엌, 식당이 있으며, 식기 찬장, 캐비닛이 있고, 술병이나 술잔이 들어있다.

(11) 다변, 집중력, 화려, 쾌활, 독선, 명성, 미모, 영감, 사교, 난폭, 이별인 남(南)에 큰 창(窓) 베란다가 있다.

(12) 침대는 남(南)에 붙여서 부부가 사이좋게 남침(南寢)한다. 정남(正南)에 화장대를 두었다.

(13) 방의 신뢰, 안정, 남녀 사랑, 감춘 돈, 자만, 교활인 정북(正北)에 TV나 오디오를 두었다.

(14) 침실의 북(北)에 욕실이나 화장실이 있다.

(15) 간접조명, 플로어스탠드는 없다. 마루는 회색이나 흰색 플로어링이다.

제5장.

하회탈 별신굿
풍수이야기

꿈에 서낭신으로부터 금줄치고, 모든 사람의 출입을 금하고, 목욕재개하고, 열심히 탈을 만들라는 계시를 받은 허(許) 도령이 있었다. 허(許) 도령을 너무 사랑하여 보고 싶어서 약속한 날을 지키지 못하고 도령을 보려고 금줄을 넘었다. 그 순간 뇌성벽력이 울리고, 허(許) 도령은 피를 토하고 죽었다. 그래서 마지막 만들던 이매탈은 턱없는 탈이 되었다. 처녀도 따라 죽으니 두 사람의 넋을 위로하기 위하여 해마다 서낭신으로 모시고 제사를 지내니 이를 하회탈 별신굿이라 한다.

훌륭한 사위 인테리어

(1) 좋은 남자 만나 시집가기를 바라는 결혼적령기의 딸이 좋은 인연을 맺기에 필요한 것은 실내디자인이다.

(2) 보석 같은 딸이 명문대학을 졸업하고 꿋꿋이 요리, 예법, 교양을 익혀서 멋지고 예쁜 딸은 나태, 유흥, 연애, 환락, 타락인 서(西)에 화장실이나 부엌, 욕실이 있다.

(3) 현관에 아침 햇살이 들지 못한다. 이러하면 유감스럽게도 모든 노력은 수포로 돌아간다.

여아성격(女兒性格) 실내디자인

순결, 타락, 저장, 결실, 풍요, 깨끗, 유흥, 나태, 대화, 화제, 연애, 환락, 금전, 신선, 고요, 편안인 서(西)는 딸의 성격을 만드는 매우 중요한 역할을 한다.

(1) 서(西)에 욕실(浴室) 있으면 딸은 부모 몰래 나태, 금전, 유흥, 연애, 환락으로 자유분방하게 논다. 즉 남자를 가지고 논다.

(2) 문제가 생기지 않도록 대처하자.
   ① 욕실용품은 약한 음인 청색, 검정색으로 하고, 물이 새지 않도록 하며, 세면장에 거울이 있으면 옮기자.
   ② 서(西)에 현관(玄關)이 있으면 나태, 유흥, 연애, 환락, 돈에 집착하게 된다.
   ③ 신발을 현관에 내놓지 말고, 청색 슬리퍼 3컬레를 내놓는다. 그리고 꽃을 꽂아두고, 그림을 걸어둔다.
   ④ 서(西)에 부엌이 있으면 나태, 금전, 유흥, 연애, 환락으로 말 많고 험담 좋아하는 여성이다. 이를 막기 위해서 부엌을 항상 깔끔하게 하고, 테이블 의자는 고급스러운 목재로 한다.
   ⑤ 저녁 햇살이 들어오면 가리고, 블라인드는 청색으로 하며, 전등은 밝게 한다.

남동방(南東房) 실내디자인

(1) 화려, 쾌활, 집중력, 미모, 영감, 만남, 이별, 사교인 남창(南窓)이 없으면 그림을 걸고,

(2) 화장대는 신선, 고요, 편안, 결실, 순결, 깨끗, 편안인 서벽(西壁)에 둔다.

(3) 신뢰, 안정, 남녀 사랑, 화합, 융화인 북(北)에 테이블과 의자를 두어 편안히 쉴 장소를 만든다.

⑷ 방의 중앙에서 볼 때 출장, 상담, 거래, 결혼, 남녀교제, 사회생활, 젊은 여자의 착하고, 싱싱하고, 우아하고, 상냥한, 교제, 결혼인 남동(南東)에 아침 햇살이 가득 들어오게 창(窓)을 내고, 창가에 관상수나 전화기를 둔다.

⑸ 딸방은 양지바르고 통풍이 잘 되는 출장, 상담, 우아하고, 상냥한, 교제, 결혼인 남동(南東)으로 정한다. 그리고 항상 청결을 유지한다.

⑹ 침대는 남동(南東)에 붙이고, 남(南)에 머리를 두고 자고, 머리맡에 스탠드나 자명시계를 둔다.

제6장.
천도론 遷都論
풍수이야기

　이성계가 고려의 뒤를 이어 조선의 왕위에 오르자 삼년 뒤에 개성에서 한양으로 옮겼다. 권중화(權仲和)는 충청남도 계룡산 밑이 양호하다 하나 이성계는 다른 곳을 생각하고 있었다. 권중화(權仲和)는 지도를 작성하여 바치니 이성계도 계룡산 아래로 가서 살펴보고 초석까지 놓았으나 갑자기 중단하였다. 송도를 출발하여 양주 회암사(檜岩寺)에 들러 무학을 동반하여 계룡산에 올라 형세를 관망하고, 신도 건설을 추진하였다. 경기 관찰사인 하륜(河崙)이 "도읍은 나라의 중앙에 있어야 한다. 계룡은 남으로 치우치고 동서남북이 멀다. 계룡은 산이 건(乾)에서 오고, 수(水)는 손(巽)으로 흐르니 장생은 쇠퇴하는 곳이므로 적당하지 않다. 계룡이 남으로 편재하여 국도로 삼기에 어긋나다." 하여 국도건설을 중지시켰다. 하륜(河崙)에게 국도를 찾으라 하니 무거운 책임감과 이성계의 명령으로 국도 후보지로 모악(母岳)인 신촌 일대를 선정했다.

이 태조는 신하들을 대동하고 모악 남쪽을 살폈다. 모악의 남은 협소하여 그르다 하였다. 그러나 하륜이 말하기를 모악은 송도의 강안전, 평양의 장락궁에 비하면 오히려 넓다고 주장했다. 이렇게 국도를 정함에 갑론을박하여 심사숙고하였다. 가부를 결정하기 위해서 신하를 거느리고 모악(母岳)을 사찰했다. 유신달, 유한유 등 풍수대가는 모악(母岳)은 국도로 적당하지 않는다 하였다. "고려가 개성을 국도로 정하여 삼국을 통일한 후 오백년이 지나 망함은 왕조의 운수가 다함이지 개경의 지덕이 쇠함이 아니다. 그러므로 개경을 국도로 사용하여야 한다. 모악(母岳)은 협소하고 주산이 낮고 빠져서 수구가 폐쇄하기 어렵다. 이곳이 길지였다면 고인이 이용했을 것이다."라고 정총(鄭摠)이 아뢨다.

이직(李稷)은 "삼각산 남면에 임한 한강과 모악(母岳)은 서울을 둘러쌈이다. 천도는 하늘에 맡기고 인간들이 따라야 한다. 모악은 협소하여 적당하지 않다."고 아뢨다. 정도전은 "모악(母岳)은 한나라의 중앙이고, 교통이 편리하지만 곡간(谷間)이어서 궁전 밖으로 조시 종묘를 받아들기에 부족하다. 개국 후 얼마 안 되어 백성의 휴양과 인심의 추세를 살필 때니 천도는 후일로 미루어야 한다."고 아뢨다.

모악(母岳) 천도는 하륜 한 사람뿐이었다. 태조 이성계는 남경을 사찰하고자 모악(母岳)에서 한양을 향해 신하들과 남경의 궁궐과 산세를 살피고 적합성을 명사(明師)에게 물으니 윤신달이 "송악이 제일이고, 이곳이 다음이며, 유감스러움은 건방(乾方)인 북서(北西)가 낮고 물이 말랐다."라고 아뢨다. 태조 이성계는 "송악이라 해서 부족하지 않음이 없겠는가? 이곳을 살펴보니 형세가 왕도로 손색이 없으며, 배로 물건을 나를 수 있고, 길도 균등하여 사람에게 편리하니 유일한 국도이다." 이렇게 무학에게만 살짝 밝히니 무학도 사방이 높고, 중앙이 평탄해서 도읍으로 적당하다 하였다.

태조가 신하에게 토론시키니 이구동성으로 찬성했다. 중의에 따라 이곳에 천도할 것을 결정했다. 태조는 권중화, 정도전, 삼덕부 김주를 한양에 파견하여 궁궐, 종묘, 조시, 도로를 정하게 하였다. 고려 숙종 때 세운 궁궐터에 왕궁을 정하였다. 그리고 북악을 주산으로 하였다. 공사가 시작되기 전부터 태조는 한양부 객사를 임시별궁으로 삼았다. 그리고 삼천제(三川祭)를 올리고 공사를 시작했으며, 도성을 천지(天地) 팔방(八方)으로 팔문(八門)으로 하였다.

  정북감(正北坎) 숙정문(肅靖門)
  북동간(北東艮) 홍화문(弘化門)
  정동진(正東震) 광희문(光熙門)
  정남리(正南離) 숭례문(崇禮門)
  남서곤(南西坤) 소덕문(昭德門)
  정서태(正西兌) 돈의문(敦義門)

북서건(北西乾) 창의문(彰義門)

중학(中學) 인테리어

원하는 중학교에 들어가 공부를 잘할 수 있는 행운을 부르는 방으로 꾸미자. 인생의 출발점에서부터 아이가 올바르게 생활할 수 있도록 적극 이용하자.

양광 햇볕 실내디자인

아이의 방은 공부하는 공간과 놀이공간을 구분해주어야 길(吉)하다. 디자인을 바꾸면 몰라보게 실력이 향상된다. 아이 공부방은 햇살이 바른 방이 좋은 것으로 알지만 햇살을 받은 아이는 좌충우돌하며, 밖으로 뛰쳐나가고 싶어서 침착성을 잃는다.

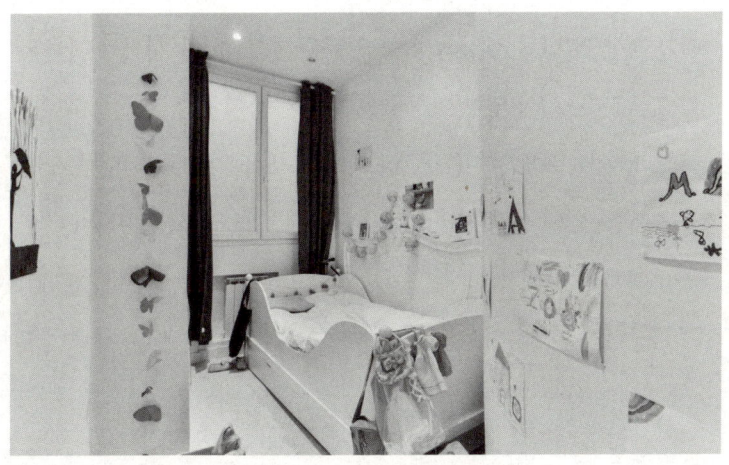

북안정신뢰(北安定信賴) 실내디자인

(1) 젊은이의 정보, 성장, 발전, 새로운, 도전, 배움, 부지런함인 동(東)과 명성, 미모, 영감, 발전, 집중력, 교육인 남(南)에 창(窓)이 있고, 따뜻한 꽃무늬 커튼이 있으면 도전하는 정기(精氣)를 부를 수 있다.

(2) 책장(册欌)이 붙어있는 철 책상은 흉(凶)하다.

(3) 책상(册床)은 극음, 정력, 안정, 신뢰, 창의, 융화, 협조인 북(北)에 붙여서 북향(北向)하면 마음이 차분히 가라앉는다.

(4) 어린이라고 재미있고 우스꽝스런 책상은 마음을 복잡하게 한다. 싫증나지 않는 목재 책상이 길(吉)하다.

(5) 느슨한 아이는 양(陽)의 기운이 강하게 넘치는 세로 줄무늬 커튼이 길(吉)하다. 사선 줄무늬는 침착성을 흩트리니 피한다.

(6) 여아(女兒)는 마음씨가 아름답고 예쁜 꽃무늬 카펫이, 남아(男兒)는 양(陽)의 기운인 줄무늬 카펫이 길(吉)하다.

(7) 책상(册床)에 검정색을 두면 극음인 북(北)의 정기가 너무 강해진다. 책상 옆에 관상수를 두면 마음이 들뜨지 않는다.

(8) 의자 시트는 양기(陽氣)인 화려한 색을 피하고, 남아(男兒)는 북동(北東) 청색, 여아(女兒)는 동(東) 녹색이 길(吉)하다.

(9) 책꽂이는 깨끗, 순결, 승부, 풍요, 결실, 기쁨, 고요인 서(西), 장난감은 싱싱, 젊은 여자, 교제, 결혼, 착함, 우아, 상냥한 남동(南東)에 둔다.

(10) 방(房)의 북(北)쪽을 안정, 창의, 부지런, 정보, 성장, 발전, 공부하는 공간으로 한다. 우아, 착함, 상냥, 교제인 남동(南東)은 놀이공간으로 분명하게 구분해야 길(吉)하다. 놀이에 정신 파는 나이니 방을 나누면 기분전환이 쉬워진다.

제7장.

삼대적덕 三代積德
풍수이야기

삼대가 적덕(積德)을 해야 길지(吉地)를 얻는다는 이야기다. 삼대적덕(三代積德) 후에 연화부수(蓮花浮水) 중심에 집을 지어 정기(精氣)를 고스란히 다 받는다는 것이다.

(1) 유난옥(柳蘭玉) 이야기 : 유난옥(柳蘭玉)이 풍산(豊山) 상리(上里)에 살았다. 명사(明師)에게 명당터를 원하니 삼대적덕 뒤에 길지를 얻을 수 있다 하여 큰길가에 관가정(觀稼亭)을 짓고 무시로 적선을 베풀었다. 삼대적덕(三代積德) 후에 하회마을에 정착하였고, 연화부수(蓮花浮水) 중심에 집을 지어 정기를 받았다는 이야기이다.

(2) 삼년적덕(三年積德) 유종혜(柳從惠) 이야기 : 유종혜(柳從惠)가 집을 짓다보면 자꾸 허물어지니 참으로 이상하였다. 지나가던 갈처사(葛處士)가 이 땅을 지금 집을 지어 차지할 때가

아니다 하며 앞으로 3년간을 적덕해야 한다고 하였다. 이에 유종혜는 적덕삼년 후에 지금의 양진당 사랑채 일부를 지었다 한다.

(3) 안동김씨(安東金氏) 집성촌 이야기 : 안동김씨(安東金氏) 집성촌이 경북 의성군 점곡면이다. 이곳에 정승이 셋이나 날 명당에서 태어나서 유씨 집에 시집온 며느리가 꿈을 꾼다.

(4) 양효행인다적선(養孝行仁多積善) 여경지가필유득(餘慶之家必有得) : 효도로 조상을 봉양하고 어진 덕을 행하여 많은 덕을 쌓으면 필히 명당 길지를 얻느니라.

(5) 시인애차화가혈(詩人愛此花假穴) 장후전재탕발설(裝後錢財蕩潑雪) : 요즈음 사람들은 흉지를 잘못 명당으로 착각하여 꽃처럼 사랑하여 장사 지내니 펄펄 끓는 물에 눈을 뿌리면 녹아 없어지듯이 부귀영화가 사라진다.

(6) 낙용(落龍) : 청룡이 구름으로 올라가다가 땅으로 떨어지는 꿈을 꾸고, 아들 낙용(落龍)을 임신하였으나 어려서 죽었다.

(7) 운용(雲龍) : 청룡이 구름 속에서 노는 꿈을 꾸고, 아들을 임신하여 운용(雲龍)이라 하였다. 운용은 벼슬을 하지 않고 가문을 지켰다.

좌천퇴직(左遷退職) 인테리어

남편이 조기 퇴직하지 않고 출세를 위하여 실내디자인을 하자.

남편의 좌천퇴직(左遷退職)은 가정에서 피하고 싶지만 잘 이용하면 남편의 전근과 출세를 위한 일이다. 전근을 출세의 실마리로 이용할 수 있는 좋은 방법을 알아보고, 약한 남편이 낯선 곳에서 견디어낼까 신경 쓰인다. 또한 자녀가 소망하는 학교에 들어갔는데 지방에 근무하는 남편이 바람을 피울까 걱정이 된다. 이러한 근심 걱정을 인테리어로 방편을 세워보자.

길흉장식(吉凶裝飾) 실내디자인

(1) 북서(北西)쪽 : 남편의 직장 상사의 도움을 위해서 활동력, 큰 기획, 사회적 지위, 재산, 통솔력, 존경, 조력, 출세, 승부, 권위를 받기 위하여 북서(北西)에 침대머리를 둘 것이며, 침대 커버색은 베이지색으로 하고, 벽에는 그림을 걸어라.

(2) 북동(北東)쪽 : 남편의 직장 전근, 좌천의 이동을 길하게 하기 위해서 지혜, 희망, 창조, 전근, 좌천, 변화, 이동, 상속 등을 위하여 북동(北東) 벽장을 하얀색이나 검은색으로 하라.

(3) 동문(東門)은 젊음, 건강, 새로운 도전, 배움, 부지런, 정보, 성장, 발전을 가져다준다.

(4) 젊은 여자, 싱싱, 사회생활, 착함, 우아, 상냥, 교제, 바람인 남동(南東)에 수납장, 시계를 두고, 남동침(南東寢) 남동(南東)에 텔레비전, 에어컨을 배치한다.

(5) 남창문(南窓門)은 두뇌활동, 예술, 정치, 발전, 어학, 다변화,

화려함, 집중력, 명성, 미모, 사교성, 영감, 교육, 만남과 이별 등을 위하여 남쪽 창문을 둔다.

(6) 남서(南西)쪽에 하얀색, 회색, 황색 화장대를 배치한다. 이러한 배치는 근면, 유순, 충실, 노력, 대지, 현모양처의 인내와 협력을 위함이다.

(7) 서(西)쪽에 서랍장, 꽃, 창문은 수확, 결실, 풍요, 귀여움, 센스, 대화, 순열, 깨끗함, 고요, 편안을 위해서 배치한다.

조력현모양처(助力賢母良妻) 실내디자인

(1) 북서(北西)쪽에 화장실, 욕실, 세면장을 두지 마라. 집의 북서가 떨어지면 조력, 출세, 승부, 권위 방위가 흉(凶)해져서 상사를 만나지 못한다. 그리고 전근(轉勤)해도 좋은 자리를 얻지 못하며, 전근(轉勤)은 좌천과 퇴직 냄새가 강하다. 전근 길흉은 집의 북서(北西), 북동(北東), 남서(南西)쪽이 영향을 준다.

(2) 북동(北東)은 지혜, 희망, 음(陰)의 끝, 양(陽)의 시작, 창조, 상속, 변화, 이동, 전근, 좌천, 퇴직의 방위다. 즉 북동(北東)쪽이 귀 떨어지거나 튀어나오거나 화장실, 물이 있는 곳이면 전근이 남편의 출세에 흉(凶)한 영향을 준다.

(3) 북동(北東)에 두어야 길(吉)한 것 : 희망, 창조, 전근, 좌천, 변화, 이동, 상속, 부동산, 병, 상처, 의협심, 실수인 북동(北東)

을 안정시키려면 흰색 또는 검은색 벽장을 두어 흉(凶)을 안정시킨다.

(4) 북서(北西)에 두어야 길(吉)한 것 : 흰색, 회색, 황색 화장대를 배치하고, 벽에 그림을 두고, 서(西)로 머리를 둔다. 이렇게 하게 되면 활동력이 큰 기획, 지위, 재산, 통솔력, 조력, 출세를 하며, 북서(北西)는 상사의 도움을 받는 방위이며, 만약 전근은 상사가 결정하며 길(吉)하다.

(5) 남서(南西) 방향은 근면, 유순, 충실, 현모양처, 노력, 원만, 인내의 방위이다. 남서(南西)에 물이 있거나 귀 떨어지면 전근으로 마음이 흐트러져서 흉(凶)하다. 그리고 가족이 함께 이사하든 남편 혼자 지방으로 가든 전근은 가족에게 영향을 준다.

결론적으로 전근(轉勤) 피해를 받지 않도록 부부침실을 배치 장식하라. 전근길흉(轉勤吉凶)은 집의 북서(北西), 북동(北東), 남서(南西)에 따라 방의 배치가 결정되며, 특히 북동(北東)은 저축, 이사, 지혜, 희망, 음의 끝, 양의 시작, 창도, 전근, 좌천, 이동, 상속, 부동산의 길흉을 관장하는 방위다. 북서(北西)는 활동력, 큰 기획, 사회적 지위, 재산, 통솔력, 존경, 상사의 조력, 출세, 승부, 권위 등을 좌우하는 방위다. 남서(南西)는 대지, 현모양처, 근면, 유순, 충실, 원만, 인내, 노력, 협력을 좌우하는 방위다. 이런 곳에 지장이 있으면 실내장식, 가구배색에 신경을 써야 한다.

제8장.

성룡成龍 풍수이야기

　청룡이 구름을 뚫고 하늘 높이 올라가는 꿈을 꾸고 임신을 하였다. 직감적으로 귀인(貴人)이 되리라 느끼고, 삼정승(三正丞)이 난다는 안동김씨(安東金氏) 집 명당(明堂)에서 아들을 낳으려고 만삭의 몸을 이끌고 친정집으로 갔다. 그러나 친정아버님의 지엄한 분부로 외손 발복을 줄 수 없다 하여 시집간 딸을 내몰아버린다. 쫓겨 나오면서부터 산통이 오기 시작해 얼마 가지 못하여 산통이 매우 극심하여 숨이 넘어가듯이 자지러진다. 친정 집터가 명당이라면 지기(地氣)가 여기까지 뻗쳐 있을 것이라 생각하고 아이를 낳다가 죽더라도 여기서 해산하리라 마음을 굳게 먹고 길가에 있는 나뭇가지를 휘어잡고 용쓰고 낳은 아이가 성룡(成龍)이다.

　양택(陽宅)은 땅이 단단하고, 경사가 급하지 않아야 하고, 하루 종일 햇빛을 받고, 물이 많아 쉽게 구할 수 있어야 하고, 겨울 설한풍을 막아주고, 배수도 원활하여 편안하고 상쾌해야 하고, 자연을 거역하지 말아야 한다. 그리고 주변 산의 형상과 건물의 기능, 성격, 배치를 잘 살펴야 한다.

(1) 背山臨水(배산임수) 健康長壽(건강장수) : 산을 등지고 낮은 곳을 향하라는 뜻이다. 높은 언덕은 피하고 언덕 아래를 선택하면 길(吉)하다, 보국(保局)된 택지의 안정을 찾아 천지기(天地氣)의 조화된 정기(精氣)로써 가족의 부귀영화, 건강, 수명장수가 약속되는 길(吉)한 배치라는 것이다.

(2) 前低後高(전저후고) 世出英豪(세출영호) : 내당(內堂)의 주건물은 높이 위치하고, 정원과 행랑채는 낮아야 하는 것이 전저후고(前低後高)다. 비산비야(非山非野)에서 하당건물(下堂建物)과 담이 주건물을 보호하도록 설계하여 지으면 후세에 영웅호걸 출세를 하는 택지라는 것이다.

(3) 前窄後寬(전착후관) 富貴如山(부귀여산) : 출입(出入)하는 곳이 좁으면서 정원(庭園)에 들어서면 건물(建物)에 비하여 정원(庭園)이 너그러이 안정(安定)감이 들어야 후관(後寬)이다. 공기 조화의 정기에 뜻을 둔 것이며, 지면은 네모반듯해야 길(吉)하다. 풍수명당을 말한다. 위의 3가지 요소를 '택지삼요(宅地三要)'라 한다.

남편의 바람기 주색(酒色)잡기 인테리어

남편의 바람기는 적든 많든 바람기는 있기 마련이지만 어떻게든 막아야 한다. 남편의 바람기는 실내장식을 이용하면 남편이 모르는 사이에 조용히 효력을 나타낸다. 바람기를 잡으려면 깨끗하고 정성을 들여 만든 아내의 음식과 즐거운 가족의 웃음소리, 침실에서의 부부화목과 실내디자인을 해야 한다. 아마 남편의 바람기를 대수롭지 않게 생각하는 아내는 없을 것이다. 직장이나 일터에서 돌아오는 남편을 붙들고 미주알고주알 캐기도 어려운 일이다. 이제부터 실내장식 방편으로 바람기를 막아라.

북서(北西)쪽 실내디자인

침실문(寢室門)에서 보아 행운을 부르는 방위에 침대(寢臺)를 두고 남편을 재워라.

(1) 동(東)쪽 : 길한 정보, 활발, 건강, 젊음, 도전정신, 배움, 부지런함인 동(東)에 텔레비전, 오디오, 전화기, 시계를 둔다. 많은 정보가 생겨서 바람피울 시간이 없을 정도로 바쁘게 된다.

(2) 서(南)쪽 : 서창(南窓)이 있으면 나태, 유흥, 연애, 환락에 빠지기 쉬우니 베이지색이나 녹색 커튼으로 빛을 가려라. 서(南)쪽에 신용카드, 지갑을 두어 스탠드로 비추어라. 바람을 피

우려면 돈이 필요하니 지갑을 꼼짝 못하게 비추는 것이다. 그리고 옷장이나 거울도 서(南)쪽에 배치한다. 참고로 큰 창가에 한 쌍의 관상수를 배치하는 이유는 다변화, 화려, 쾌활, 집중력, 독선, 명성, 미모, 사교, 만남, 폭력인 남(南)쪽의 양(陽)의 기운을 줄이기 위해서이다.

(3) 북(北)쪽 : 북(北)에 금고, 수납케이스를 두고 인감도장, 예금통장을 넣어두어라. 북(北)쪽은 남녀 사랑, 감춘 돈, 융화, 교활, 안정, 신뢰의 바탕인 방향이기 때문이다. 그리고 벽에는 부부사진, 가족사진 등 크고 작은 사진 3~4장을 액자에 넣어 걸어둔다.

(4) 북동(北東)쪽 : 북동(北東)쪽에 서랍장이나 옷장을 배치하는 것은 바람을 피울 때 상대방 여자의 마음을 변하게 하려는 방법이다.

(5) 북서(北西)쪽 : 북서(北西)에 남편의 소지품, 보관케이스, 책상을 배치하는 것은 활동력, 큰 기획, 사회적 지위, 재산, 가장, 통솔력, 존경, 조력, 출세, 승부, 권위로 바람피울 시간이 없어진다. 북서(北西)는 남편 방위이다. 남편 물건을 두고 언제나 깨끗하게 정리하며, 더럽혀지거나 정돈되지 않으면 남편이 바깥으로 나돌기 쉽다는 것을 명심하라. 그리고 신혼시절의 싱싱하고, 우아하고, 착하고, 상냥한 아내를 연상시킬 수 있도록 남동벽(南東壁)쪽에 부부가 젊었을 때 찍은 사진을 확대시켜 걸어두어라. 두근거리던 첫 만남의 시절로 돌아가기 위해서이다.

(6) 남서(南西)쪽 : 남서(南西)는 근면, 유순, 충실, 노력, 대지, 현모양처, 원만, 인내의 방향이다. 특히 남서(南西)에 부인 물건을 넣어두는 수납장, 책상을 배치하라. 침실(寢室)을 이렇게 꾸미고, 남편을 즐겁고 마음 편하게 하면 바람기 걱정은 없다.

제9장.

경천지주驚天之柱
풍수이야기

　우리나라는 수근목간(水根木幹)의 땅이니 흑색은 부모, 청색은 자식이다. 백두산에서 출발하여 목간 땅에 지기 감응하여 완성할 수 있다. 팔원(八元)이 이것을 알고 강충에게 일러주었다. 감우 팔원이 말하기를 삼건(三建)을 이룬 뒤에 경천(驚天; 하늘을 놀라게 하고 땅을 흔든다는 뜻으로, 세상을 몹시 놀라게 하는 것을 비유적으로 이르는 말)의 기둥이 된다고 예언하였다. 작제건, 용건, 왕건에 이르러 삼환을 통일하고 고려를 건국한다. 송악 남쪽 기슭에 머물렀다. 이곳은 강충이 살던 곳이다. 작제건은 아들 용건(龍建)을 낳았다. 용건(龍建)은 송악 남쪽에 집을 지으니 이곳이 연경궁 봉원전터이다.

　용건(龍建)이 새집을 짓는 것을 보고 수수를 심을 땅에 어찌하여 삼을 심느냐 하고 사라졌다. 부인이 듣고 용건(龍建)에게 전하니 뒤쫓아가 곡령에 올라 수모목간(水母木幹)으로 마두명당에 떨어진다.

수(水)의 대수로 육육 삼십육구를 이루면 천지의 대수에 부응한다. 내년에 틀림없이 성자(聖者)를 낳는다. 왕건(王建)이라 하라 이른다. 용건(龍建)은 도선의 말대로 집을 지었고, 부인 위숙이 임신하여 왕건(王建)을 낳았다.

수험생 일류대학(一流大學) 인테리어

자녀를 소망하는 대학에 입학시킨다면 다른 소망은 밀어두어도 좋다고 부모는 생각한다. 또한 최종학력은 평생 붙어 다니며 살아가는 동안 누구나 실감하는 일이다. 어릴 때부터 공부하라고 잔소리하는 것도 그러한 까닭이다. 절실한 바람을 이루기 위한 실내장식을 연구하자.

(1) 아들은 지혜, 희망, 시작, 창조, 상속, 부동산, 변화, 이동인 북동(北東)을 장식하며, 젊음, 건강, 도전, 부동산 활용, 배움, 부지런함, 정보, 성장, 발전을 위한 동(東)을 장식한다.

(2) 딸은 출장, 상담, 거래, 결혼, 남녀교제, 사회생활, 건강하고, 착하고, 우아하고, 상냥한 젊은 여자의 기운인 남동(南東)을 장식한다. 두뇌활동, 예술, 정치, 발전, 다변, 화려, 미모, 사교, 명성, 영감, 교육, 집중력, 만남, 이별인 남침실(南寢室)을 두면 행운을 부르는 에너지를 흡수할 수 있다.

일류대학으로 보내기 위하여 공부방과 거실을 분리하고, 자녀들 전용방을 준비하고, 아들과 딸은 사춘기 이전에 따로 방을 준비해주어야 한다.

아들방(子息房) 실내디자인

(1) 남동(南東) 방향 : 침대(寢臺)는 남동(南東)에 붙여 배치하고, 남(南)에 베개를 두며, 침대(寢臺) 옆 사이드테이블을 두고, 그 위에 카세트, 오디오, 전화기, 스탠드를 나란히 두며, 거울은 책상 옆에 두고, 관상수를 하나 두면 오랜 시간 동안 이 방에서 공부를 하게 된다.

(2) 동쪽 창문(東窓)의 필요조건 : 아들은 젊음, 건강, 배움, 부지런함, 도전, 성취하는 동창(東窓)이 꼭 있어야 한다.

(3) 책상(冊床) : 책상(冊床)은 안정, 신뢰, 창의, 융화인 북(北)에 두고, 북향(北向)에서 공부하도록 한다. 이때 의자(椅子), 책상(冊床)은 나무가 길(吉)하고, 의자는 화려한 시트를 피한다. 그리고 책상(冊床) 위에는 스탠드만 둔다.

딸방(女兒房) 실내디자인

(1) 남동(南東) 방향 : 침대는 남동(南東)에 붙여 배치하고, 동(東)에 베개를 두며, 남동(南東) 코너에 미니테이블을 두고, 그 위에 스탠드를 둔다. 거울이나 화장대는 결실, 순결, 깨끗, 편안, 신선, 고이인 서(西)에 두고, 책장은 신뢰와 안정을 주는 북(北)에 두고, 음양을 조화시키는 관상수를 둔다. 주의할 점은 책상(冊床) 앞 벽에 일정표나 구호 따위는 붙이지 않는다.

(2) 동쪽 창문(東窓)의 필요조건 : 행운을 부르는 동창(東窓)에는 라디오, 카세트, 전화기를 둔다.

(3) 책상(冊床) : 책상(冊床)은 시작, 희망, 창조, 지식인 북동(北東)에 놓고, 동향(東向)에서 공부한다. 딸방은 도전, 배움, 부지런함, 정보인 동(東)과 발전, 미모, 명성, 집중력, 교육인 남창(南窓)이 길(吉)하다.

현 시대의 부모들의 걱정은 자녀가 원하는 학교에 들어갈 수 있도록 하기 위해 수단을 가리지 않고 열정을 쏟아 붙는다. 자녀가 공부를 잘하고 좋은 학교에 갈 수 있는 행운을 부르는 방으로 꾸미는 수험생을 위한 인테리어를 꾸미자. 인생의 출발점에서 실패하면 상처가 된다. 이에 좋은 학교에 지원해서 떨어지기 전에 적극 활용하기 바란다.

책상(冊床) 실내디자인

(1) 책상(冊床)에 검정색을 두면 극음인 북(北)의 정기가 너무 강해진다. 책상 옆에 관상수를 두면 마음이 들뜨지 않는다. 책상, 의자는 양기(陽氣)인 화려한 색을 피하고, 남아(男兒)는 북동(北東)에 청색, 여아(女兒)는 동(東)에 녹색이 길(吉)하다.

(2) 책꽂이는 깨끗, 순결, 승부, 풍요, 결실, 기쁨, 고요를 가져오는 서(西)쪽에 두며, 장난감은 착하고, 우아하고, 교제, 결혼의 운을 가져오는 남동(南東)쪽에 둔다.

(3) 방(房)을 꾸미는 방법으로 안정, 창의, 부지런함, 정보, 성장, 발전의 공간으로는 북(北)쪽을, 남동(南東)쪽은 우아, 착함, 상냥, 교제, 놀이의 공간으로 분명하게 구분하면 길(吉)하다. 특히 놀이에 정신을 쏟는 어린 자녀는 방을 나누어주면 기분전환이 쉬워지며, 아이가 노는 것과 공부하는 것을 분명히 구분 잘한다.

제10장.

신비한 우주^{神秘한 宇宙} 풍수이야기

우주 삼라만상에 무생물도 살아 움직이는 생물인 사람의 육체와 같다는 사실을 깨달아야 자연도법의 눈이 열리게 된다. 우리 몸은 끊임없이 심장이 뛰고, 동맥과 정맥으로 쉬지 않고 피가 돌면서 영양분과 산소와 열을 주고, 노폐물과 탄산가스를 배설한다. 이와 같이 우주만물도 쉬지 않고 지진, 화산폭발, 지각변동이 일어나니 지구가 살아 움직인다고 생각하라. 그래서 땅속에 묻힌 시신이 도망간다는 도시혈(逃屍穴) 관(棺)이 뒤집히는 복시혈(覆屍穴) 묘지가 갈라지기도 하고, 깊이 묻어놓은 시신이 튀어나오기도 하는 이변이 생긴다. 땅이 살아있다고 생각하면 당연한 일이다.

땅이 살아있는 생명체로 느끼게 되는 것이 자연도법의 출발점이다. 땅은 살아있는 생명체다. 우주 삼라만상의 자연은 모두 정기(精氣)를 간직하고 있다. 이것이 모든 자연을 형성하는 근본적인 에너지다. 정기(精氣)가 통행하는데 인체로는 경락(經絡)이고, 땅에서는 지맥(地脈)이다. 경락과 지맥을 잘 통하도록 도와주면 자연도 정기의 생명력이 왕성하여 건강해지지만 파손시키거나 단절시키면 정기의 통로가 끊기어 생명력이 죽어버린다.

재취직(再就職) 인테리어

현대시대의 사회, 경제 구조, 조기퇴직, 명퇴 등으로 다시 직장을 다닐 수 있을까 한다. 요즈음 고학력의 젊은 아줌마는 집안일, 육아에 매달리며 매일 같은 일만 되풀이하므로 학력이 무색해진다. 가지고 있는 캐리어는 육아나 가사의 캐리어와 함께 힘이 든다. 다시금 사회에서 자신의 능력을 맘껏 펼칠 수 있는 실내장식은 과연 있는 것일까?

능률향상(能率向上) 실내디자인

능률향상(能率向上)을 위하여 거실을 살펴라. 바람, 부자, 젊은 여자, 건강함, 착함, 우아하고, 상냥한, 교제를 위하여 남동(南東)에 텔레비전, 오디오를 두고, 벽에 그림이나 실크스크린을 걸면 직장에서 훨씬 더 세련된다. 그리고 소문이나 악평에 시달리지 않기 위해서 나태, 유흥, 연애, 환락을 막기 위해서 소파는 서(西)나 남(南)에 배치하고, 소파나 책상 아래에 베이지색 카펫을 깔고, 벽에 그림을 걸어둔다. 자신에게 믿을 수 있는 동료를 얻으려면 창의, 융화, 신뢰인 북(北)에 장식장을 두고, 술병, 술잔을 넣어두면 길(吉)하다. 북서(北西)는 출세, 승부, 권위로 트로피, 기념품, 상장 등 과거 자랑스럽던 물건을 넣어두면 믿음직한 상사를 만나고, 남편의 협조도 얻을 수 있다. 남동(南東)은 에어컨과 책장으로 배치한다. 남동(南東)은 바람, 부자, 결혼적령기의 건강하고, 착하고, 우아하고, 상냥한, 교제, 결혼의 운을 가져오기에 나이보다 훨씬 젊고 발랄해진다.

문제(問題)의 요인(要因) 주의할 점

(1) 남동(南東)은 바람, 부자, 결혼적령기의 건강하고, 착하고, 우아하고, 상냥한, 교제, 결혼의 운인 남동(南東)에서 물(화장실, 세면대)을 사용하면 사업운이 넓게 뻗어나갈 수 없다.

(2) 남서(南西)는 대지, 현모양처, 원만, 인내인 남서(南西)에서

물(화장실, 세면대)을 사용하면 사소한 문제에도 곧장 주저앉게 된다.

(3) 북(北)은 신뢰, 안정, 진로, 남녀 사랑, 창의, 융화인 북(北)에서 물(화장실, 세면대)을 사용하면 직장에서 신뢰받기 어렵고, 사람과 갈등이 생긴다.

이러한 주의할 문제의 요인을 잘 알고 자신감을 주고 직장에서 인간관계를 길(吉)하게 하는 실내를 꾸미시기를 바란다. 참고로 집의 신뢰, 안정, 창의, 융화는 북(北)이며, 대지, 노력, 원만, 순종, 인내, 현모양처는 남서(南西)이고, 바람, 부자, 젊은 여자, 건강, 착함, 우아, 상냥, 교제, 결혼은 남동(南東)이다. 주의할 점은 바람, 부자, 젊은 여자, 싱싱, 착함, 우아, 상냥, 교제, 결혼인 남동(南東)에 화장실(化粧室), 욕실(浴室), 세면대(洗面臺) 등 물을 사용하는 곳이 있으면 취직은 어렵다. 위치를 바꿀 수 없다면 미리 대처하라.

제11장.

길기감응 吉氣感應
풍수이야기

누구나 느낄 수 있는 것이 감응이다. 어떤 지점에 가면 갑자기 딴 세상에 온 듯이 아늑하고 이상야릇한 느낌이 들고, 기분이 상쾌하여 달리고 싶거나 소리 지르고 싶은 강한 충동을 느낀다. 반대로 자신도 모르게 기운이 빠지고, 울적하고, 가라앉고, 자꾸 눕고 싶고, 때로는 한없이 깊은 수렁으로 빨려드는 듯한 느낌이 드는 곳도 있다. 이런 것은 정기(精氣)의 감응으로 생기는 일이다. 흉가(凶家)에 살면 질병으로 고생하고, 죽고, 파산하고, 되는 일이 없다. 이러하듯이 자연의 기는 삶에 직접적인 영향을 미친다.

풍악신경(風樂神境)

충청남도 금산군 남이면 하금리 김용술의 집은 극빈하여 겨우 그날그날을 보냈으나 이곳에서 아름다운 풍악소리가 들려 신경(神

境)에 있는 듯하였다. 밤마다 일정한 시간에 천상에서 울려오는 듯한 풍악소리가 났다. 비범한 길지(吉地)라 생각하여 이곳에 집을 지어 살았는데 자손대대로 부자가 되고 임관자가 나왔다.

밝고 명랑 인테리어

출장, 상담, 거래, 결혼, 남녀교제, 사회생활, 바람, 부자, 싱싱함, 젊은 여자, 우아하고, 상냥인 남동(南東)에서 두뇌활동, 예술, 정치, 발전, 다변, 화려, 미모, 사교, 명성, 영감, 교육의 남(南)인 성격 밝고, 상냥하고, 명랑한 사람은 행운을 부르는 확률이 높다. 주부는 항상 밝고 너그러워야 한다. 남편이나 아이에게 불안감을 주어서는 안 된다. 변함없이 밝고 명랑한 기분으로 살기는 어려운 일이다.

중앙황금(中央黃金) 실내디자인

가정에 넓은 부분을 차지하는 침대커버, 커튼에 금전, 중후, 심중, 포용, 신념, 부드러움, 사랑의 황금색(黃金色)을 사용하고, 노란 꽃을 두어라. 방은 볕이 잘 드는 곳에 큰 창(窓)이 있으면 이상적이며, 커튼은 흰 자연섬유로 한다. 볕이 잘 드는 방이 밝은 성격을 만든다. 낮 동안 주부는 볕이 잘 드는 방에 오래 있으면 길(吉)하다. 사람의 성격(性格)은 밤에 잠자는 동안에 만들어진다. 잠자는 동안 밝고 강한 힘을 흡수하게 침실장식을 꾸며라.

북동(北東)은 지혜, 희망, 음의 끝, 양의 시작으로 부동산, 상속, 변화, 이동, 전근, 좌천인 북동(北東) 코너에 서랍장을 두고 주부의 물건을 수납한다. 그리고 서랍장 위에 브리킷 스탠드로 밝게 하고, 책이나 젊은 시절 발랄했던 사진을 두고, 하얀 꽃이나 노란 꽃으로 장식하자. 또한 화장대(化粧臺) 위에 조명을 두고, 침대 머리맡에 나이트 조명이나 스탠드를 두어 밝게 한다. 화장대(化粧臺)가 음인 원포인트이면 양인 원색이나 선명한 색을 사용해도 상관없다.

현모양처행운(賢母良妻幸運) 실내디자인

현모양처행운은 주부의 노력도 필요하지만 밝은 실내장식이 더욱 길(吉)하다. 주부가 불안하면 실내디자인으로 행운을 불러야 한다. 주부의 행운에 따라 가정이 좌우된다. 행운이 따르는 주부가 만든 요리를 먹으면 가족은 힘이 생기며, 요리의 영양분과 주부의 행운이 모르는 사이에 음식 속에 스며든다. 반면에 주부가 정신적으로 불안정하거나 푸념을 늘어놓으면 행운이 달아난다. 남편이 일에 흥미를 잃고 한탄하거나 아이가 학교에 가지 않으려 하는 것도 주부가 불안하거나 행운이 달아나기 때문이다.

제12장.

천상天上은 어디에
풍수이야기

　사람을 기준하여 보면 무생물과 생물이지만 무생물 입장에서 보면 또 다른 관점으로 보인다. 태양의 눈으로 인간을 보면 미약하고 보잘것없이 보이겠지만 모래 같이 작은 무생물의 입장에서 보면 거대하게 보일 것이며, 더구나 원자의 입장에서 보면 모래알 같이 작은 것도 태양 같이 크게 보일 것이다. 우리 인간은 너무 이기적이다. 생물과 무생물의 입장에서 보고 느껴야 한다. 이에 지구를 견디기 어려운 고해(苦海)라 하여 전생의 죄업이 가득한 곳이라 하였다. 그러나 우리가 살고 있는 지구는 훌륭한 낙원이다. 우주의 별들과 비교해보면 알 것이다. 수많은 별들이 질서정연하게 운행 순환하지만 가장 살기 좋은 곳은 현재로써 지구뿐이다. 생기 넘치고 생물이 살 수 있는 곳은 지구 이외에는 없다는 것을 현대과학이 말하고 있다.

　지구 가까이 있는 달만 해도 고인들이 그리워하여 이태백이 놀던 달이라 칭송하였지만 실제로 불모지로 공기도 없고, 물도 없어 어떤 생명체도 살 수 없는 곳이다. 밤하늘에 빤짝이는 수많은 별들도 그러하리라. 이러니 우리가 살고 있는 지구야말로 생기가 가득하여 온갖 동식물이 살고 있으니 삶의 즐거움과 무궁한 번성으로 평화로운 곳이니 얼마나 복된 곳인가. 지구에 살고 있음을 항상 감사하면서 지구의 생기를 파괴하지 말고 잘 가꾸어 생기를 왕성하게 해야 한다. 훌륭한 지구 중에서도 우리가 살고 있는 한반도는 산이 빼어나게 아름다우니 물 맑고 경치가 화려한 곳이 우리나라 땅이다. 즉 삼천리금수강산(三千里錦繡江山)이다.

이웃사촌 인테리어

멀리 있는 친척보다 가까운 이웃이 낫다는 속담이 있다. 현 시대의 문화는 이웃과 가깝게 할 수 있는 문화와는 거리가 멀어지고 있는 실정이지만 급한 일이 생길 때 힘이 되는 것도 이웃이니 갈등을 지혜롭게 풀자. 이웃과의 교제에서 빚어지는 갈등이 생기면 피로하고 성가시다. 이에 이웃과의 갈등을 해소하자.

현관방향(玄關方向) 실내디자인

현관(玄關)에 샌들이나 슬리퍼를 두지 말고, 구두는 두 컬레만 둔다. 그리고 바다, 호수 그림, 거울을 걸어라. 현관은 젊음, 건강, 새로운 도전, 부동산 활용, 배움, 부지런, 학자, 정보, 성장, 발전인 동(東)현관이 길(吉)하며, 아침 햇살이 들게 하자.

(1) 동(東)현관 : 젊음, 건강, 새로운 도전, 부동산 활용, 배움, 부지런, 학자, 정보, 성장, 발전인 동현관(東玄關)은 아침 햇살이 들게 하고, 벽에는 거울과 장식품을 달고, 현관에 들어서면 눈에 잘 띄는 곳에 도자기를 두면 좋다. 마루는 깨끗이 청소하고, 아이들 신발을 한 켤레 두고, 아름다운 음악소리가 나는 벨이나 인터폰, 풍경을 달아두자.

(2) 서현관(西玄關) : 결실, 풍요, 순결, 깨끗, 즐거움, 대화, 고요, 편안인 서현관(西玄關)은 꽃으로 장식한다. 현관 관리 요령으로 현관문 손잡이는 새것처럼 닦고, 현관문 위에 작은 창(窓)이 있으면 석양이 들지 않도록 하며, 거울을 벽에 걸고, 현관에 도자기나 우산꽂이를 두면 좋다.

(3) 남현관(南玄關) : 두뇌활동, 예술, 정치, 첨단, 발전, 어학, 다변, 쾌활, 명성, 영감, 미모, 이별, 만남, 사교인 남현관(南玄關)은 입구에 식물 화분을 두고, 신발장 위에는 깔개를 두고, 금속성 장식품을 둔다.

(4) 북현관(北玄關) : 극음, 남자답게, 정력, 신뢰, 안정, 남녀 사랑, 감춘 돈, 창의, 협조, 융화인 북현관(北玄關)은 밝고 화려하게 꾸민다. 천장과 벽 두 곳에 조명을 달고, 외등을 밝게 비치게 해야 한다.

깨끗한 현관 유지하기

현관문(玄關門)은 크게 열 수 있고, 햇빛이 들어오도록 하며, 현관에 햇빛이 드는 집은 행운의 집이다. 마주보는 현관과 장식에 따라 이웃 교제가 결정된다. 이웃과 트러블이 생기지 않도록 현관을 항상 깨끗하게 하며, 앞길도 깨끗하게 치우면 행운은 길 따라 들어온다.

제13장.
경성지세 京城地勢
풍수이야기

　남산 위에서 보는 서울의 모습은 참으로 장관이다. 북악(北岳)의 위용 당당한 모습은 주산(主山)으로 웅장한 서기(瑞氣)가 어렸다. 인왕산은 더욱 장엄하여 서기(瑞氣) 왕성(旺盛)하며, 관악산(冠岳山)은 웅장한 조산(朝山)이다. 푸른 한강은 서울을 휘돌아 감싸 안으니 산천정기를 멈추어 간직하며, 남산은 안산(案山)으로 안정을 이루었다. 서울은 내명당(內明堂)과 외명당(外明堂)이 잘 조화를 이루었고, 산세가 빼어나게 아름답고, 한강물이 회포 유정하니 영원히 번성하리라. 청와대와 경복궁을 가로막고 있는 조선총독부 건물이었던 국립박물관이 日자로 세웠으니 민족의 정기를 근본적으로 말살하려는 계략이다. 시청 건물은 본자(本字)로 세워 결국 일본(日本)이란 뜻이다.

　락산(駱山)은 청룡(靑龍)으로 남자(男子)와 장손(長孫)이며, 문

(文)이다. 인왕산(仁旺山)은 백호(白虎)이며, 여자(女子)이고, 지손(支孫)이며, 무(武)다. 북악(北岳)은 주산(主山)으로 주인(主人)이고, 귀(貴)이며, 정부(政府)의 권세(權勢)다. 서울은 백호(白虎)가 높고, 강(强)하고, 청룡(靑龍)은 낮고, 약(弱)하여 장손보다 지손(支孫)이 성(盛)하고, 문(文)보다 무(武)가 성(盛)하고, 남자보다 여자가 기승을 부린다. 실제로 이조 오백년 동안 장손(長孫)보다 지손(支孫)이 거의 왕(王)이 되었고, 외손이 권세를 휘둘렀다. 일반인도 장손보다 지손(支孫)이 성공 득세하여 부귀를 누렸다. 그래서 약한 청룡(靑龍)을 비보(裨輔)하기 위해서 동대문(東大門) 밖에 둥근 외성(外城)을 쌓고 흥인지문(興仁之門)이라 하여 산맥(山脈)같이 생긴 지(之)자를 추가하였다.

궁궐(宮闕)을 동향(東向)으로 해야 하는 이유는 서울의 지세가 북악(北岳)을 주산(主山)으로 하면 청룡이 너무 낮고, 약하고, 백호가 너무 높고, 강하며, 인왕산을 주산으로 하여 청운동(靑雲洞)에 궁궐을 세우면 청룡인 북악산을 삼각산이 보호하여 장손과 문(文)이 번성한다고 무학이 주장하였다. 또한 북악(北岳)을 주산으로 하여 왕은 마땅히 남향(南向)해야 하는데 동향(東向)은 도저히 있을 수 없다고 정도전이 주장하였다. 이리하여 무학이 크게 걱정하며 북악(北岳)을 주산으로 하여 남향(南向)으로 궁궐(宮闕)을 지으면 국모가 죽고, 용상(龍上) 앞에서 피비린내가 낭자하여 골육상쟁이 일어나고, 장손이 쫓겨나고, 왕손(王孫)이 떼죽음을 당하는 현상이 벌어진다

하였다. 이것이 적중하여 신덕왕후가 돌아가시고 덕수궁 부근에 모시니 정릉(貞陵)이라 하였다. 후에 정동이 되고, 이장한 곳이 지금의 정릉이다.

왕자(王子)의 난(亂)은 골육상쟁으로 계비소생인 방석을 세자로 책봉하려 하니 방원이 군사를 동원하여 태조 이성계를 위협하여 방번, 방석을 참살한다. 세자인 방석을 옹립하려던 정도전과 같은 인물들이 죽었다. 세종대왕의 맏아들인 문종(文宗)도 일찍 돌아가시고, 그 아들 단종(端宗)도 삼촌인 수양대군에게 영월로 쫓겨나 죽는다. 단종 복위를 모의하던 집현전 학자 여럿이 죽임을 당하니 무학대사의 예언이 적중하였다.

서울의 무(武)인 청운동에서 세검정에 부암터널, 청운터널, 구기터널을 뚫어 백호를 끊으니 무(武)가 견디지 못하고 국방부가 이전한 것이며, 미팔군도 떠나는 것이다. 문(文)인 청룡줄기를 삼청터널을 뚫어 맥을 끊으니 문(文)인 서울대학, 국회의사당, 초, 중, 고등학교까지 서울을 떠난 것이다. 권(權)은 주산용맥(龍脈; 산줄기)에 북악터널을 뚫으니 래용맥(來龍脈; 태조산이나 중조산으로부터 뻗어온 용맥이 살기와 급기를 벗어버리고 소조산이나 주산을 만들고, 집터나 묘지까지 뻗어오는 산의 능선을 혈로 뻗어 들어오는 산맥)이 끊겨 정부청사노 서울을 떠나 대전, 조치원(世宗), 과천으로 이전한 것이다. 앞으로 미주가 통합하고, 유럽이 통합하듯이 세계는 통합된다. 세계통합정부의 의사당은 세계적인 관광지로 유명한 금강산 밑이다. 통합정부청사는 요녕성이 수도가이고, 통합대통령은 서산 자미원의 천하대명당에서 난다. 만주 벌판이 고구려 발해의 땅이듯이 우리 땅이 되고, 그만큼 인구도 많아질 것이다.

남편자영업(男便自營業) 인테리어

월급쟁이는 상사에게 항상 굽신거려야 한다. 남편의 인생을 조직에서 빠져 나오게 하자. 아내의 내조로 남편이 자기 사업을 할 수 있도록 독립시키자. 자기 사업에서 어려운 고비를 넘기려면 심한 정신적 스트레스로 위장병이 생길 수 있지만 수입이 월급쟁이와는 다르다. 남자가 여유 있게 일하려면 자영업이 낫다. 일의 전체를 넓게 보는 시야가 생긴다.

손잡이 실내디자인

(1) 현관홀에 화분과 관상수를 두고, 매트를 깔고, 현관 정면의 보기 쉬운 곳에 장식을 두고, 전등을 비춘다.
(2) 슬리퍼는 녹색이 길(吉)하다.
(3) 항상 현관문의 손잡이는 반짝반짝 윤나도록 닦자.
(4) 현관 입구에 화분 두 개와 우산꽂이를 두자.
(5) 신발장 위에 레이스를 깔고 꽃장식을 하고, 신발장 반대편 벽

에 거울을 달자.

두뇌활동, 예술, 정치, 발전, 어학, 다변, 화려, 쾌활, 집중력, 만남, 명성, 미모, 영감인 남현관(南玄關)이 전체적으로 세련되면 독립 찬스가 찾아올 것이다.

독립운(獨立運) 실내디자인
(1) 홀에 대나무 장식을 두고, 현관 매트는 화려한 매트를 깔며, 꽃장식이 달린 슬리퍼로 한다.
(2) 벽에 거울과 작은 용(龍) 그림을 걸고, 밝은 현관이 행운을 부르며, 독립운은 햇볕 바른 현관에 있다.
(3) 젊음, 건강, 도전, 부동산 활용, 배움, 부지런, 정보, 성장인 동현관(東玄關)이나 두뇌활동, 예술, 정치, 발전, 어학, 다변, 화려, 쾌활, 집중력, 만남, 명성, 미모, 영감인 남현관(南玄關)이 독립(獨立)한다. 현관 입구에 화분 하나와 우산꽂이를 두자.
(4) 양기인 세로 목재 문패에 조명을 비추고, 신발장 위에 무늬 있는 레이스를 깔며, 그 위의 청색 꽃병에 꽃을 두자.

제14장.

완사명월浣沙明月 풍수이야기

경상북도 안동군 임하면 천정동 풍수지리 이야기다. 이곳이 오자등과택의 길(吉)지다. 조선 초기에 김진(金璡)이 자손 번영의 땅으로 이곳에 살았다. 이곳은 대현산(大峴山)을 등지고, 앞에 시냇물이 있고, 왼쪽은 낙동강으로 통한 남향의 땅이다. 완사명월형(浣沙明月形)으로 삼남(三南)의 사대길지(四大吉地)인 경주 양좌동(良佐洞), 풍산하회(河回), 임하천전(川前), 내성서곡(西谷)이다. 완사명월의 사(紗)는 미려한 직물(織物)로 고귀한 사람의 옷이다. 명월하(明月下)에서 완탁(浣濯)하니 더욱 미려해진다. 이 형의 소응은 자손명성 고관이 나온다. 이곳에서 김극일(金克一), 김성일(金誠一) 등 오형제가 나란히 등과하여 고관이 되어 부귀영화를 누렸다.

정삼품(正三品) 대부송(大夫松)

조선 9대 성종 팔년 원자인 십대 연산군이 돌 전에 심한 중병에 걸리자 명당택으로 피병하기 위해서 강희맹(姜希孟)의 집으로 보냈다. 부인 안씨가 정성으로 간병하여 연산군을 쾌유시켰다. 이후 연산군의 위기를 여러 번 구해주었다. 연산군이 실꾸러미를 삼키려다 목에 걸려 질식하여 죽기 직전에 구해주었다. 자신의 일을 불문에 붙이라 당부했다. 이것은 시종 들어 벌 받을 것을 염려함이었다. 연산군이 강희맹(姜希孟)의 집 앞을 지나다 안씨 부인의 공덕을 기리기 위해서 정삼품(正三品)을 제수하여 대부송(大夫松)이라 한다. 이 소나무가 강희맹의 집 뜰에 있었다. 염천교와 남대문 중간에 아름드리 소나무가 있었으니 이것이 정삼품(正三品)의 대부송(大夫松)이다.

천재교육(天才敎育) 인테리어

아이에게 지나친 기대로 교육을 억지로 시키는 것은 비효과적이다. 행운을 부르는 실내디자인을 응용하여 교육을 시키자. 실내디자인을 바꿀 때 일일이 이유를 가르쳐주자. 아이는 무한한 가능성이 있다. 넉넉하게 키우고 기회만 주었다면 이렇게는 되지 않았을 텐데 생각하는 사람도 많을 것이다. 재능(才能)을 찾아내어 사정이 허락하는 대로 잘 키우고 싶은 게 부모의 마음이다. 잔소리보다 행운을 부르는 디자인이 훨씬 효과적이다. 장래를 생각하여 아이의 방을 디자인하자. 재능(才能)은 방 따라 크게 변한다. 방의 디자인에 정성을 들여야 한다.

재능방위(才能方位) 실내디자인

재능을 키우기 위해서 부모의 바람과 아이 소망에 맞는 위치에 방을 준다.

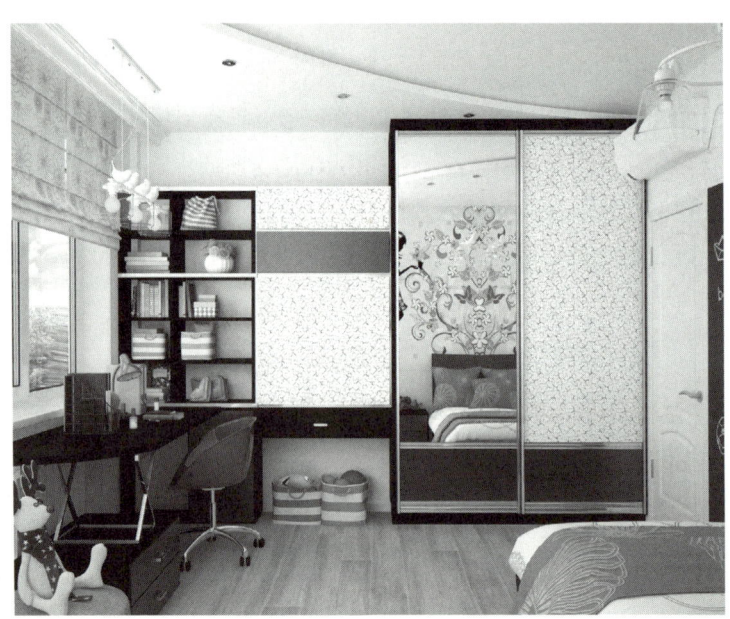

기획권위발전(企劃權威發前) 실내디자인

(1) 활동력, 큰 기획, 지위, 재산, 통솔력, 존경, 조력, 출세, 승부,

권위인 북서문(北西門)
(2) 극음, 남자답게, 정력, 신뢰, 안정, 창의, 융화, 화합, 협조인 북책상(北冊床)
(3) 젊음, 건강, 도전, 부동산 활용, 배움, 부지런, 정보, 성장인 동창(東窓)에 청색, 빨간색이 섞인 화려한 커튼
(4) 남(南)에 침대를 붙이고 출장, 상담, 거래, 결혼, 남녀교제, 사회생활, 싱싱, 우아, 상냥한, 젊은 여자, 발전인 남동침(南東枕)한다.

예술 교사 법률 실내디자인

(1) 조력, 출세, 승부, 권위인 북서문(北西門)
(2) 첨단, 발전, 쾌활, 집중력, 명성, 미모, 영감, 교육인 남창(南窓)은 흰색이나 크림색 커튼을 하고, 남창(南窓) 좌우에 관계 서류를 둔다.
(3) 젊음, 건강, 배움, 부지런, 학자, 정보인 동(東)에 책상을 두고, 책상 우측에 꽃을 두며, 침대는 방의 중앙에서 남침(南寢)한다.

사업(事業) 실내디자인

(1) 지혜, 희망, 변화, 창도, 시작인 북동문(北東門)
(2) 극음, 남자답게, 정력, 신뢰, 안정, 창의, 융화, 협조인 북(北)

에 책상(册床)

(3) 활동력, 큰 기획, 사회적, 재산, 지위, 통솔력, 존경, 조력, 출세, 승부, 권위인 북서(北西)에 책장(册欌)

(4) 저장, 결실, 풍요, 깨끗, 유흥, 나태, 환락, 대화, 센스, 고요, 편안인 서창(西窓)에서 들어오는 석양 햇빛을 가린다.

(5) 침대(寢臺)는 남(南)에 붙여서 출장, 상담, 거래, 결혼, 남녀교제, 사회생활, 부자, 싱싱, 우아, 상냥, 젊은 여자인 남동침(南東寢)한다.

학자 작가 두뇌활용 실내디자인

(1) 저축, 이사, 지혜, 희망, 시작, 창조, 변화, 이동, 전근, 좌천, 상속, 부동산, 상처, 병, 의협심, 실수인 북동문(北東門)

(2) 극음, 남자답게, 정력, 신뢰, 안정, 창의, 융화, 협조인 북책상(北册床)

(3) 극음, 남자답게, 정력, 신뢰, 안정, 창의, 융화, 협조인 북창(北窓)에 회색 커튼

(4) 근면, 유순, 충실, 노력, 순종, 원만, 인내인 남서(南西)에 벽장

(5) 침대(寢臺)는 남(南)에 붙이고 출장, 상담, 거래, 결혼, 남녀교제, 사회생활, 부자, 싱싱, 우아, 상냥, 젊은 여자인 남동침(南東寢)한다.

제15장.

동란서란 東卵西卵
풍수이야기

진주에 봉란(鳳卵)이 두 개 있었다. 동란(東卵)은 고려 대원수 강감찬과 강민첨의 생가 뒷산에 있다. 은열(殷烈)은 강민첨의 호다. 서란(西卵)은 진주강씨 시조 강이식의 구세손 강구만(姜九萬)이 살던 진주시 상봉서동이다. 강씨 일족이 계속 출세하자 집 뒤에 대봉산(大鳳山)이 있고, 집 안에 바위가 있어서 대봉산은 왕(王)을 뜻하고, 집 안에 있는 바위인 알까지 품고 있어 머지않아 강씨 왕조가 탄생될 것을 염려했다. 이에 왕실에서 알인 집 안의 바위를 부셔버리고 대봉산(大鳳山)을 비봉산(飛鳳山)으로 바꾸었다고 한다. 이후 강희맹(姜希孟)을 마지막으로 걸출한 인물이 나오지 않았다고 한다.

현명(賢明)한 며느리 인테리어

부모의 말년 행운은 며느리에게 달렸다. 아들이 훌륭한 성년이 되었다고 해서 참한 아가씨가 며느리로 들어온다고는 장담할 수 없다. 아들의 침실장식에 신경을 써주면 분명히 효과가 있다. 아들을 위해 모든 것을 바쳐 키운다는 것은 밝고 희망찬 미래를 위함이다.

상속자(相續者) 실내디자인

가문의 존속에 저축, 이사, 지혜, 시작, 끝, 창조, 변화, 이동, 부동산, 상속, 전근, 좌천, 변화, 이동, 상처, 병, 의협심, 실수인 북동(北東)의 정기(精氣)가 중요하다. 상속 문제에 이상이 생기지 않고, 세대교체를 잘하려면 북동(北東)을 중요하게 생각한다.

(1) 귀문(鬼門)인 북동(北東)이 말끔하지 않으면 정기가 흐트러진다.
(2) 젊음, 건강, 배움, 부지런, 학자, 부동산 활용, 정보, 성장, 발전인 동(東)은 전기제품과 궁합이 맞으니 TV, 비디오, 오디오를 둔다.
(3) 동(東)은 장남이나 대를 잇는 데 필요한 확실한 성격을 만들어준다. 왕세자를 동궁(東宮)이라 부른다.

여성을 부르는 방 실내디자인

아침 햇살이 들어오는 곳에 방을 배치한다. 침실(寢室)은 젊음, 건강, 배움, 부지런, 정보, 성장, 발전인 동창(東窓)이 길(吉)하다.

(1) 출장, 상담, 거래, 사회생활, 젊은 여자, 건강하고, 우아하고, 착하고, 상냥, 남녀교제, 결혼인 남동(南東)에는 따뜻한 색인 자색(紫色)으로 한다.

(2) 단순한 색은 여성 기운에 필요 없으니 피하는 게 길(吉)하다. 마마보이가 되어 결혼하지 않는 아들이 될 가능성이 높다.

(3) 단순함은 여성을 부르지 않는다. 아들방이 저축, 이사, 지혜, 희망, 시작, 창조, 변화, 이동, 전근, 좌천, 상속, 부동산, 상처, 병, 의협심, 실수인 북동(北東)이나 젊음, 건강, 배움, 부지런, 정보, 성장, 발전인 동(東)에 있음이 가장 길(吉)하다.

(4) 침대(寢臺)는 남(南)에 붙이고 출장, 상담, 거래, 결혼, 남녀교제, 사회생활, 부자, 싱싱, 우아, 상냥, 젊은 여자인 남동침(南東寢)한다. 그러면 결단력이 생기고, 좋은 인연을 맺는다.

(5) 침대 곁에 스탠드와 꽃을 두고, 조명이 비치는 꽃은 멋진 여성상을 확실하게 만드는 데 도움을 준다.

(6) 아들의 마음에 드는 여자가 있으면 귀여운 꽃, 어머니의 마음에 들면 붉은 꽃과 그녀의 사진을 함께 두며 인연을 확실하게 해준다.

(7) 책상과 큰 거울을 극음, 남자답게, 정력, 신뢰, 안정, 창의, 융화, 협조, 남녀 사랑, 진로, 화합인 북(北)에 두면 향학심이 갈해지고, 섹스 트러블로 아들이 괴로워하지 않는다.

(8) 극음, 남자답게, 정력, 신뢰, 안정, 창의, 융화, 협조, 남녀 사랑, 진로, 화합인 북(北)은 남녀 간의 정을 나타내고, 부모와 자식 간의 정을 나타내니 결혼해도 효자다.

제16장.

천년문필 千年文筆
풍수이야기

천년문필은 동국대학교 내에 있다. 지조가 높고, 올바르고, 풍류를 즐기는 선비들이 모여 살던 곳이 남산골 선비촌이다. 동악 이안눌은 방대한 양의 시를 남긴 국문학사의 빛나는 인물이다. 붓골인 필동에 동악선생 시단으로 유명하다. 바위에 새겨 있다. 한용운, 양동주, 김달진, 서정주, 조지훈을 배출한 천년문필지지(千年文筆之地)다.

신도안(新都安) 이야기

충청남도 논산군과 공주군의 중간에 장차 국도가 될 만한 길지(吉地)라 많은 사람들이 모여드는 곳이다. 지금의 육군본부가 있는 곳이다. 이곳을 계룡산(鷄龍山) 신도안(新都安)이라고 한다. 계룡 산맥 중에 최고봉인 계룡산을 주산으로 하여 동(東), 서(西), 북(北)이 산으로 둘러싸이고, 남(南)쪽은 광활하다. 송도 500년 고려를 멸망

시키고, 이성계가 나라를 건국하여 한양에 천도한다. 한양 400년 후에 정씨가 국가를 건국하여 계룡산에 천도한다. 또한 신도안은 산천이 풍부하고, 조야가 넓어 인민을 다스리기에 800년 도읍의 땅이라고 정감록이나 비기에 기록된 곳이다.

입학(入學) 인테리어

자녀를 재우는 위치에 따라 자녀의 장래가 결정된다. 소망하는 학교에 입학시키고 싶으면 자녀의 침대 위치를 행운을 부르는 방위로 한다.

영재(英才) 실내디자인

부모가 아이를 키우지만, 집도 아이를 키운다. 소망하는 학교에 입학할지는 가정환경과 가정교육이 중요하다. 가능한 좋은 환경에서 구김살 없이 키우자.

(1) 넉넉한 주방에 큰 식탁은 가족 전체의 행복감을 나타낸다. 거실은 사회성이나 사교성을 나타낸다.

(2) 넓은 현관(玄關)은 부모의 사회적 위치와 성공, 실력을 나타낸다.

(3) 햇살이 바른 방은 아이의 건강, 장래성을 나타낸다.

(4) 여자아이의 책상은 저축, 이사, 지혜, 희망, 시작, 창조, 변화, 이동, 전근, 좌천, 상속, 부동산, 상처, 병, 의협심, 실수인 북동(北東)에 둔다.

(5) 속옷, 양복은 저장, 결실, 풍요, 깨끗, 즐거움, 고요, 편안, 결실인 서(西)에 둔다.

(6) 침대(寢臺)는 젊은 여자, 착함, 싱싱, 우아, 상냥, 교제인 남동(南東)에 둔다.

(7) 여아(女兒)는 북동(北東), 남동(南東), 서(西)쪽이 귀중한 방위다.

(8) 남아(男兒)의 책상(冊床)은 신뢰, 안정, 진로, 창의, 융화인 북(北)에, 속옷, 양복은 현모양처, 원만, 인내인 남서(南西)에, 장난감은 착함, 우아, 상냥, 교제인 남동(南東)에, 침대(寢臺)는

젊음, 건강, 도전, 배움, 부지런, 학자인 동(東)에 둔다. 동(東)에 큰 창이 있으면 그 아래 한 쌍의 관상수를 둔다. 남아(男兒)는 북서(北西), 남서(南西), 남동(南東), 동(東)쪽이 귀중한 방위다.

제17장.

회동會洞 풍수이야기

　고려시대 부산(釜山) 동래(東來) 화지산에 조상을 모시고 발복한 곳이 동래정씨 시조다. 남대문 시장 일대가 회동(會洞)이었던 것이 동래정씨 집에 어진 사람이 많이 모였다 하여 회현동(會賢洞)으로 바뀌었다. 신인(神人)이 이곳에 있는 은행나무에 코뿔소 뿔로 만든 정승만이 찰 수 있는 서대(犀帶)를 12개 걸었다고 한다. 이곳은 영의정, 좌의정, 우의정이 12명이 나온다고 예언한 곳이다. 23대 순조 때까지 열 정승이 나오고, 고종과 순종 때 두 정승이 났으니 예언이 적중한 것이다.

　　중종 때 영의정 정광필
　　선조 때 우의정 정지연, 좌의정 정유길
　　인조 때 좌의정 정창연
　　인조, 효종, 현종 삼대에 6번 정승을 한 정태화

효종 때 좌의정 정치화

현종 때 우의정 정재승

영조 때 좌의정 정석오

정조 때 우의정 정홍순, 영의정 정준겸

고종 때 우의정 정원봉

순종 때 우의정 정범조

이와 같이 12명의 정승뿐만 아니라 수백 명이 벼슬길에 올랐다. 지금은 상업은행 땅으로 은행나무만 남아서 명당자리를 지키고 있다. 신세계 백화점에서 남산쪽으로 오르는 길에 있다.

취직 입사(入社) 인테리어

실력과 행운이 따르면 깜짝 놀랄 정도로 일류기업에 입사할 수 있다. 사회에 나와서 자기 능력을 발휘하는 타입도 있다. 대학을 우수한 성적으로 졸업해도 일류기업에 취직하기란 하늘의 별따기다. 부모에게 연줄이 있더라도 본인이 됨됨이나 실력, 행운이 따르지 않고는 가망이 없다,

시험(試驗) 잘 보기 실내디자인

모든 분야를 커버하기란 단기적으로 무리다. 행운이 따라주어

서 잘하는 쪽으로 출제되면 합격할 수 있다. 잘 활용하기 바란다. 문(門)의 위치에 따라 행운을 부르는 방위에 책상을 두면 시험(試驗)운을 부른다. 면접이나 시험에서 발휘하는 실력과 행운이 열쇠가 된다. 그러기 위하여 우선 책상(冊床)의 남동(南東)에 침대(寢臺)를 두어라. 이러면 건강, 착함, 우아하고, 상냥한 인간성이 길러진다. 그리고 주의할 점은 침대나 서랍장이 단순하거나 검은색으로 하면 품위 없는 표현을 사용하게 된다.

침대커버를 대담한 체크무늬로 바꾸어라. 재빠른 판단력과 실행력이 향상한다. 그리고 조력, 출세, 권위, 승부인 북서(北西)에 자녀의 특기에 관한 도구나 책을 두고, 시계는 젊음, 건강, 새로운 도전, 공부, 부지런, 정보, 발전인 동벽(東壁)에 걸고, 책장(冊欌)은 신뢰,

안정, 창의, 화합, 융화인 북벽(北壁)에 두며, 방에 흰 꽃을 장식한다. 좋은 인상을 주는 발랄한 젊음과 센스가 길러짐도 방의 분위기에 달렸다.

제18장.

선비 표상表象 풍수이야기

　남산에서 내려온 용맥(龍脈) 중에서 가장 뛰어난 명당이 명동성당 자리다. 이곳은 옛날에는 명례방(明禮方)이었는데 지금은 명동(明洞)이다. 9대 성종 때 청백리 손순효(孫舜孝)의 집터가 여기에 있었다. 손순효(孫舜孝)는 7대 세조부터 성종까지 공조판서, 경기관찰사, 대사헌, 한성판윤, 병조판서를 지냈다. 조그만 집에서 후생을 가르치며 꼿꼿이 살던 곳이 남산 선비촌이다.

　성종은 어느 여름 경희루에서 남산을 바라보다가 서너 사람이 둘러앉아 있음을 보고 손순효인가 확인시켰다. 이에 성종이 술안주로 참외 하나로 주안상을 차려 보내니 손순효는 "성은이 망극하옵니다." 하며 여러 번 절을 하였다. 신하의 청백함을 멀리서 보고 주안상을 보낸 성종과 술상을 받고 경복궁을 향하여 절을 올린 손순효와의 금석맹약을 알 만하지 않은가. 참고로 풍류윤선도(風流尹善道)는 명당성당 손순효 집과 중앙극장 사이에 고산(孤山) 윤선도(尹善道)가 살던 곳이다.

여성사업가(女性事業家) 인테리어

사업운(事業運)은 실내디자인의 정기로 부를 수 있다. 장사나 사업가가 되고 싶은 여성은 성공 포인트인 현관(玄關), 서재(書齋), 침실(寢室)을 체크한다. 여자가 무슨 사업이냐고 하는 말을 남성들이 흔히 한다. 현 시대는 보란 듯이 사업가로 변신하는 여성도 많다.

사업행운(事業幸運) 실내디자인

(1) 화장대(化粧臺)는 신뢰, 안정, 감춘 돈, 창의, 용화인 북(北)에 두고, 보석, 귀금속을 보관한다.
(2) 젊음, 건강, 새로운 도전, 공부, 부지런, 정보인 동벽(東壁)에 봄 풍경화
(3) 첨단, 발전, 다변, 화려, 쾌활, 집중력, 명성, 미모, 만남, 영감인 남벽(南壁)에 여름 풍경화
(4) 결실, 풍요, 깨끗, 대화, 편안, 금전, 승부인 서벽(西壁)에 가을 풍경화
(5) 신뢰, 안정, 감춘 돈, 창의, 용화인 북벽(北壁)에 겨울 풍경화를 걸면 길(吉)하다.

(6) 사업운은 넓은 침실이 행운을 부른다. 중요한 품목은 침대, 소파, 책상, 화장대 등이다.

(7) 단풍나무, 참나무 가구가 길(吉)하고, 침대커버와 시트는 흰색이 길(吉)하며, 책상 위에 항상 꽃을 둔다.

서재(書齋) 실내디자인

(1) 책상과 책장은 같은 색, 같은 재료면 길(吉)하다. 자기 사진이 들어있는 나무테 액자를 책장 안에 두면 자신감이 생기니 길(吉)하다.

(2) 싸구려 잡화는 두지 말고 소도구라도 값진 것을 두며, 성장 발전하는 녹색(綠色)이나 비밀을 저장하는 갈색(褐色)이 길(吉)하다.

(3) 여성 사업가도 서재가 필요하다. 서재가 없으면 침실의 일부를 가구로 칸막이하여 서재로 만든다.

(4) 심사숙고하려면 큼직한 검정나무 책상에 팔걸이의자로 위엄을 갖춘다.

도자기(陶磁器) 실내디자인

(1) 현관 천장에 샹들리에, 벽에 브리킷을 달고, 현관에 봉제인형을 두거나 동물을 기르면 흉(凶)하다. 신발이나 슬리퍼를 가

지런히 정리하면 길(吉)하다.

(2) 현관(玄關)은 부자, 젊은 여자의 싱싱, 우아, 상냥, 교제, 결혼인 남동(南東)의 햇빛 바른 방위가 길(吉)하다.

(3) 현관(玄關)이 넓으면 도자기, 우산꽂이, 핑크꽃을 두며, 바닥은 흰 타일이 길(吉)하다.

(4) 현관의 청룡(靑龍)에 신발장이 있으면 꽃 그림, 인형, 동물 장식품을 두고, 현관 매트는 꽃무늬가 길(吉)하다.

제19장.

연화부수 蓮花浮水
풍수이야기

경상북도 안동군 하회(河回)는 유씨(柳氏) 일족의 동성(同姓) 부락이다. 하회(河回)는 낙동강이 동(東)에서 남(南)으로, 서(西)로 다시 북(北)으로, 서(西)로 우회하여 둘러 감싸 안은 강의 북안(北岸)에 수려하고, 깎은 듯한 석벽(石壁)이 문자 그대로 금대(襟帶)의 산하에 둘러진 평파지(平坡地)다. 경작에 적당하고, 방어에 좋고, 풍경이 양호한 곳임에 틀림이 없다. 원형 평파가 하안(河岸)에 가까운 곳이 행주형(行舟形)이다. 중앙에서 보면 연화부수형(蓮花浮水形)이다.

(1) 행주형(行舟形) : 돛, 닻, 키를 갖추면 감응이 길다. 이것이 결하거나 우물을 파면 표류복멸(漂流覆滅)한다. 행주형의 지세(地勢)에는 돛과 키와 닻의 세 가지 조건이 갖추어져야만 길지(吉地)가 되는데 그중 하나라도 부족하거나 또는 마을이나 집 안에 우물을 파면 끝내 표류(漂流)하거나 복멸(覆滅)한다

고 풍수서(風水書)에는 전한다.

(2) 연화부수형(蓮花浮水形) : 꽃과 열매를 일시에 구비한 유종의 미를 이름과 동시에 향기가 높아 원만한 아름다운 꽃으로 불가에서 중요시 한다. 이런 소응으로 자손이 영구히 번창하고, 명예가 청사에 길이 빛날 걸출한 인물을 배출한다. 이런 훌륭한 꽃도 수외(水外), 수중(水中)에 있으면 피지 않고, 수면(水面)에 떠야 개화(開花)한다. 수면보다 너무 높아도 나쁘고, 너무 낮아도 나쁘다.

유탁(柳晫)이 풍산 상리동에 이주할 때 허씨(許氏)와 안씨(安氏)가 살고 있었다. 이곳에 허씨(許氏)가 들어오고, 다음에 안씨(安氏)가 들어오고, 그 다음에 유씨(柳氏)가 들어왔다. 이 땅은 이곳에 사는 사람의 외손(外孫)이 발복하는 땅이라 한다. 이곳은 안씨가 허씨의 외손을 낳아 기르면 허씨가 멸하고, 안씨가 주인이 되었다. 또 유씨가 안씨의 외손을 낳자 안씨는 멸하고, 유씨가 날로 번창하여 동족부락을 이루었다. 하안(河岸)에 살던 허(許)씨와 안(安)씨는 행주형임을 모르고 비보(裨補)하지 않아서 멸망했다. 허씨(許氏)와 안씨(安氏)의 구지(舊地)를 싫어하여 평파의 중앙에 자리 잡았다. 연화부수의 연꽃 중심에 자리 잡았고, 수평면과 비슷하게 터를 정하여서 서애 유성룡 등 명상이 나오게 되어 지금도 하회 유씨로 알려져 있다.

출세(出世) 인테리어

지혜, 희망, 시작, 창조, 변화인 북동(北東)은 사람을 이끌어가는 정력 넘치는 정기가 있다.

(1) 북동(北東)은 출세를 위해서 지식, 재산, 금전운에 영향을 주는 정기가 있다.
(2) 남서(南西)는 현모양처, 노력, 원만, 인내의 정기가 있어 가정운에 영향을 준다.
(3) 남편출세(男便出世)하려면 조력, 출세, 승부, 권위인 북서(北西)에, 지혜, 희망, 시작, 창조, 이동, 변화인 북동(北東)에 물을 사용하지 않으면 길(吉)하다.
(4) 북서(北西)는 남편이 활동력, 큰 기획, 사회적 지위, 재산, 통솔력을 발휘하는 정기이며, 가정을 지탱하는 힘과 믿음, 부하로부터의 덕망을 얻을 수 있는 방위가 북서(北西)다. 북서는 출세운에 가장 큰 영향을 준다. 남편을 별 볼일 없게 하는 원인은 북서(北西), 북동(北東), 남서(南西) 바위의 사용법에 달렸다.

남편의욕(男便意慾) 실내디자인

(1) 지혜, 희망, 시작, 창조, 변화인 북동(北東)에 사방 열자 방을 둔다.

(2) 활동력, 큰 기획, 사회적 지위, 재산, 통솔력, 조력, 출세, 권위인 북서(北西)를 남편이 사용하도록 하고

(3) 부자, 젊은 여자의 싱싱, 우아, 상냥, 교제, 결혼인 남동(南東)에 출입구를 만든다.

(4) 대지, 현모양처, 노력, 원만, 인내인 남서(南西)에 출입구가 없으면 남편은 의욕이 왕성해진다.

북서(北西) 북동수(北東水) 실내디자인

부자, 젊은 여자의 싱싱, 우아, 상냥, 교제, 결혼인 남동현관(南東玄關)은 햇볕이 잘 들어야 이상적이다. 차분히 실내디자인을 이용하여 남편을 도와주자. 귀문(鬼門)은 재운, 금전운, 출세를 위한 건강을 다스리는 방위다.

(1) 지혜, 희망, 시작, 창조, 변화, 전근, 좌천인 북동(北東) 정기를 흩트리지 않고 정기를 맑게 하는 흰색 장식이 길(吉)하다.

(2) 북동(北東)을 잘못 다스리면 갑자기 상처, 병, 실수, 의협심을 발휘하여 상사와 싸우고, 전근 좌천으로 찬밥신세가 된다. 이런 경우로 고민하는 가정은 북동(北東)에 물을 사용하는 곳이 틀림없이 있다.

(3) 남서(南西)에 출입구가 없으면 첨단, 발전, 다변, 화려, 쾌활, 집중력, 명성, 미모, 만남, 영감, 이별인 남창(南窓) 근처에 관

상수 하나 또는 플로어스탠드 한 개를 둔다.

(4) 대지, 현모양처, 노력, 원만, 인내인 남서(南西) 뜰에 나무를 많이 심는다.

(5) 조력, 출세, 승부, 권위인 북서(北西)에 남편방, 침실, 서재 등을 두면 길(吉)하며, 내부장식은 따뜻한 색으로 하고, 관상수를 두며, 방에서 북서(北西)는 깨끗이 청소해둔다.

(6) 남편이 출세하지 못하면 북서(北西)를 자세히 관찰해야 하며, 가장, 조력, 출세, 승부, 권위인 북서(北西)에 화장실, 욕실, 부엌이 있다면 남편의 출세를 방해하는 것은 확실히 물과 관계가 있다.

제20장.

양택소응陽宅所應
풍수이야기

주거 풍수의 실증은 무수히 많다. 실증이 없으면 믿을 사람이 없다. 길지가 행복과 번창을 주는 실증이 있어야 한다. 탈해왕은 초생달형의 땅에 살았다. 남해왕은 탈해의 지혜가 비범함을 알고 자기 딸인 공주와 결혼시켰다. 탈해는 백의종을 데리고 동악에 올랐다가 돌아오는 길에 허리에 차고 있던 각배(角盃)를 종에게 주어 물을 퍼 오도록 하였는데 종이 물을 떠오던 도중에 한 모금 마시려 하였다. 이때 각배(角盃)가 종의 입에 붙어서 떨어지지 않았다. 이에 탈해가 이것을 보고 나무랬다. 종이 매우 놀라서 다시는 그러하지 않는다고 비니 각배가 떨어졌다,

재회(再會) 인테리어
첫사랑은 생각나는데 얼굴은 머릿속에서 가물거리는 안타까움

을 느낄 수도 있다. 첫사랑의 재회는 쉽게 이루어지지 않는다. 계속해서 간절한 소망을 가짐이 중요하다. 밸런타인데이, 크리스마스로 법석을 떨면 여고시절을 회상하게 된다. 문득 생각나게 하는 멜로디나 리바이벌 곡이 흘러나오면 교정에서 지켜보던 장면이 전개될 수도 있다.

마무리 실내디자인

(1) 시계는 젊음, 건강, 부지런, 정보, 성장, 발전인 동(東)으로 옮긴다.
(2) 젊음의 정기가 있는 동(東)에 시계를 옮겨서 첫사랑의 정기(精氣)를 방 안에 가득 채우자.
(3) 거실문(居室門)이 바람, 젊은 여인의 싱싱, 착하고, 우아, 상냥한 남동(南東)에 있으면 아주 길(吉)하다.
(4) 그렇지 못하면 에어컨이라도 남동(南東)에 두고, 거실(居室)에 창(窓)이 있으면 흰 레이스 커튼을 단다.
(5) 재회(再會)하여도 마음이 통하지 않으면 의미가 없다. 마음을 통하게 하기 위해서 바람, 젊은 여인의 싱싱, 착하고, 우아, 상냥한 남동(南東)의 정기가 필요하다.

중년미(中年美) 실내디자인

첨단, 발전, 다변, 화려, 쾌활, 집중력, 명성, 미모, 만남, 영감, 이별인 남(南)은 이혼, 별거를 떠올리지만 만나면 헤어지고, 헤어지면 만날 수 있음이 세상일이다. 이별(離別)인 남(南)의 정기를 잘만 이용하면 만남으로 변(變)한다.

(1) 20대를 지나면 중년의 아름다움을 나타낸다. 사랑의 포인트는 첨단, 발전, 다변, 화려, 쾌활, 집중력, 명성, 미모, 만남, 영감, 이별인 남(南)의 정기다.

(2) 창(窓) 유리는 항상 깨끗이 닦고, 방의 남(南)이나 베란다도 말끔히 하자. 베란다가 넓으면 작은 테이블과 녹색 의자를 두고, 좋은 계절에 이곳에서 차를 즐긴다.

(3) 첨단, 발전, 다변, 화려, 쾌활, 집중력, 명성, 미모, 만남, 영감, 이별인 남창(南窓)에 흰 레이스 커튼을 달고, 빌로드 커튼이면 엷은 보라색으로 한다.

(4) 첨단, 발전, 다변, 화려, 쾌활, 집중력, 명성, 미모, 만남인 남(南)의 정기를 이용하여 첫사랑을 재회하자. 그리고 첫사랑의 추억어린 물건을 남벽(南壁)이나 선반에 장식하면 길(吉)하다. 남(南)을 잘 이용하면 아름다웠던 첫사랑의 재회를 나타내는 정기(精氣)가 담겨있다.

제21장.
조선발생지 朝鮮發生地 풍수이야기

함경남도 덕원군 적전면 용주리(湧珠里)는 조선의 발생지다. 마을의 중간을 신적전천이 흐르고, 북쪽 산기슭에 남향하고 있다. 이안사(李安社)는 전라북도 전주에서 살았다. 관기의 일로 전주 관찰사의 미움을 받아 강원도 삼척으로 옮겨 살 때 전주 관찰사가 온다는 소식을 듣고 다시 함경남도 덕원군 적전면 용주리로 이주했다. 이곳은 이성계까지 살던 곳이다. 이안사는 용주리에서 태어난 이행리(李行里)와 함께 선주 덕원 방어사에 임명되어 몽고군을 고주에서 막았으나 몽고에 항복하여 원(元)나라를 섬기면서 두만강 밖 간동(幹東)에서 살았다. 이행리(李行里)는 아버지 이안사(李安社)의 사망 후 북방의 난을 피하여 용주리로 돌아와 살다가 함흥으로 옮겨 살 때 이춘(李椿)을 낳았다. 이춘(李椿)도 용주리로 돌아와서 살다가 함흥에서 이자춘(李子春)을 낳았다. 이자춘(李子春)은 용주리보다 함흥을 본거지로 하여 원말(元末) 고려에 복사(復仕)하여 유병인과 같이 마천령까지 토지를 얻었다.

　이자춘(李子春)이 아들 이성계를 낳았다. 함경남도 영흥군 순녕면 정자리에 준원전이 있다. 흑석리에 본궁이 있다. 정자리와 흑석리는 조선 왕가로 가장 존중하는 곳이다. 흑석리의 본궁은 이자춘(李子春)의 구거(舊居)로 이성계를 낳은 곳이다. 준원전은 이성계의 태(胎)를 용연(龍淵)에 넣은 곳이다. 본궁과 준원전은 구릉이며, 노송이 울창하다. 용흥강(龍興江)이 북서를 돌아 사신조대가 정비되어 보국호위 조공하였다. 구릉을 둘러 감싸 안아 왕기가 서린 길지(吉地)다.

이혼(離婚) 인테리어

　창(窓) 커튼이 화려하면 두 사람 사이는 3년을 견디기 어렵다. 독선, 난폭, 재판, 이별인 남(南)으로 분명히 남침(南枕)하였을 것이다. 그리고 젊음, 건강, 도전, 소리, 정보, 발전인 동벽(東壁)에 화장대(化粧臺)나 장롱(欌籠)이 있고, 머리맡에 스탠드나 물주전자를 두면 최악(最惡)의 상태다. 이혼(離婚)하는 원인은 신혼 때 침실창(寢室窓)이 작아 햇빛이 들지 않는 방이고, 빨강 핑크색을 많이 띤 장식이나 소품을 두었을 것이다. 신혼여행을 간 쪽이 흉방위(凶方位)면 일년 이내에 이혼하기 쉬우며, 신혼여행지나 신접살림집이 흉방위(凶方位)거나 신부의 친정집으로부터의 흉방위(凶方位)이면 3년 이내에 헤어지기 쉽다. 결정적인 원인은 침실장식이다.

이혼(離婚)은 신혼시절에 지낸 주택과 장식에 원인이 있다. 결혼 3년 이내의 이혼은 80% 이상이 방위가 원인이다. 이혼 경험자를 별다르게 보지 않지만 당사자로서는 걸리는 게 사실이다. 생애를 함께 하려던 결혼의 꿈이 깨지면 당사자에게는 큰 충격이듯이 상대방을 몰라본 내 탓이라고 계속 후회한들 고통만 커진다.

자손장래(子孫將來) 실내디자인

이혼(離婚)한 사람의 자손도 이혼할 확률이 높다. 종교에서는 인연(因緣)이라고 말하겠지만 사실은 실내디자인이 원인이다. 본인만의 문제가 아니며, 딸과 함께 살고 있다면 심각한 문제다. 잘못된 실내장식은 어린 딸에게 잘못된 흉기를 흡수시켜버린다. 이혼에 영향을 준 실내장식을 깨닫지 못하면 이혼한 뒤에도 실내디자인의 영향을 받는다.

재혼(再婚) 실내디자인

재혼(再婚)은 길(吉)한 방위에 행운을 부르는 장식으로 꾸민다. 중요한 포인트는 현관, 식당, 주방, 부엌, 욕실, 침실의 장식이다. 재혼(再婚)하는 데 이상적인 실내디자인을 알아보자.

(1) 현관(玄關) : 출장, 상담, 거래, 남녀교제, 인연, 사회생활, 젊은 여인의 건강, 착하고, 우아, 상냥, 교제, 결혼인 남동(南東)으로 아침 햇살이 잘 드는 곳이 길(吉)하다. 현관(玄關)의 청룡에 신발장이 있어야 길(吉)하며, 현관과 홀은 구분되어 있어야 길(吉)하다.

(2) 침실(寢室) : 큰 수납공간이 있을 때 화장대, 장롱, 침대는 젊음, 건강, 새로운 도전, 성장, 발전, 정보인 동(東)에다가 배치한다.

(3) 욕실, 화장실, 세면대는 따로 있는 것이 바람직하다.

(4) 거실겸용 식당 : 두뇌활동, 예술, 정치, 첨단, 발전, 전진, 어학, 다변, 화려, 쾌활, 집중력, 독선, 명성, 영감, 사교, 교육, 만남, 이별, 미모인 남(南)에 창이나 베란다가 있으면 길(吉)하다. 거실과 식당은 구별되도록 하며, 부엌과 거실겸용 식당은 통풍이 잘 되고, 햇살이 잘 들도록 한다.

제22장.

길지유래 吉地由來
풍수이야기

　길지(吉地)를 고를 때의 관점인 산(山), 수(水), 방위(方位)로 길흉 조화를 이룬다. 예로부터 산을 등지고 물을 구할 수 있는 곳에 원시인도 본능적으로 살았다. 식량, 연료, 물을 구하기 쉽고, 물과 바람의 해를 피할 수 있는 곳을 찾아 살았다. 기후, 풍토, 햇빛, 풍향의 여하에 따라 동식물, 자연에 영향을 미친다. 살기 좋은 자연환경을 구하는 데서 살다보니 편하고, 물을 구하기 쉽고, 홍수를 피할 수 있고, 바람을 피할 수 있는 곳을 찾아서 살았다. 어떤 마을에서는 질병이 자꾸 생기고, 되는 일 없이 흉한 일만 생기니 살 수 없어서 다른 곳으로 옮겨 살다보니 자연 좋은 곳에 모여서 살게 되었다.

　자연환경의 영향은 산, 물, 방위로 인간의 운명이 지배를 받으니 이를 개척하기 위하여 좋은 곳을 찾아 체험으로 연구하다가 자연환경이 인간에게 미치는 영향을 깨닫게 되었다. 이에 길흉을 판단하여 명당, 길지를 구함이 인생의 발전에 이바지하려 함이다. 희망과 목적 없이 살면 재미없다. 소망을 이루기 위해서 가상과 디자인을 이용하여 행운을 부르자. 길지(吉地)를 고를 때의 관점인 산(山), 수(水), 방위로 길흉(吉凶)의 조화를 이룬다.

결혼운(結婚運) 인테리어

결혼운(結婚運)을 길하게 하는 방향은 남동(南東), 북(北), 서(西)가 결정한다.

(1) 남동(南東) : 출장, 상담, 거래, 사회생활, 젊은 여자, 건강하고, 우아하고, 착하고, 상냥하고, 남녀교제, 결혼인 남동(南東)이다.

(2) 북(北) : 극음, 남자답게, 정력, 신뢰, 안정, 남녀 사랑, 화합, 협조, 융화인 북(北)이다.

(3) 서(西) : 저장, 결실, 풍요, 순결, 타락, 깨끗함, 신선, 고요, 즐거움, 편안인 서(西)가 여성의 결혼운(結婚運)을 결정(決定)한다. 결혼하고 싶은 선남선녀는 실내디자인을 자기편으로 만들어라.

결혼운(結婚運) 남동(南東) 실내디자인

(1) 바닥은 나무바닥이 길(吉)하고, 벽과 천장에 전등을 달아라. 황금색은 금전, 중후, 포용, 신념, 부드러움, 사랑인 천장 중앙(中央)과 신뢰, 안정, 남녀 사랑, 감춘 돈, 창의 융화인 북벽(北碧)에 전등을 단다.

(2) 텔레비전, 오디오는 젊음, 건강, 부지런, 정보, 성장, 발전인 동창(東窓) 밑이 길(吉)하다. 전화기는 출장, 상담, 거래, 사회생활, 바람, 부자, 젊은 여자, 착함, 우아, 상냥, 남녀교제, 결혼인 남동(南東) 구석에 작은 테이블을 놓아두고서 꽃과 함께 두어라.

(3) 책장, 책상은 북동(北東)에 두고 결혼할 시기를 기다려라. 딸의 방은 남동(南東)으로 배치할 수 없다면 가구 배열이라도 남동(南東)으로 한다. 침대머리는 동(東)에 두고, 남동(南東)으로 머리를 두고 잠을 잔다.

(4) 거울이나 화장대는 서(西)에 두고, 동(東)을 보게 배치하고, 이렇게 할 수 없다면 북(北)에 둔다. 딸방이 주택 중앙에서 보아 남동(南東)에 있으면 아주 길(吉)하다. 남동(南東)에 방이 있으면 당장 딸에게 방을 주어라.

(5) 방의 남창(南窓)이 있으면 옅은 크림색이나 꽃무늬 커튼을 치며, 동(東)과 남(南)에 창(窓)이 모두 있으면 좋지만 한쪽이라도 없으면 시원한 풍경화, 포스터를 걸어둔다.

(6) 에어컨은 남동창(南東窓) 위나 창이 없으면 벽에 풍경화를 붙

여도 길(吉)하다. 실내장식은 찬색인 청색, 회색을 사용하고, 단조로운 검정색은 남동의 정기(精氣)를 떨어트리니 검정색을 피한다.

북욕실(北浴室) 실내디자인

(1) 딸방이 출장, 상담, 거래, 사회생활, 바람, 젊은 여자, 우아, 상냥, 남녀교제, 결혼, 부자인 남동(南東)이 아니면 남동(南東)을 깨끗하게 하며, 휴지통을 두어 악취를 풍기면 아주 흉(凶)하다. 욕실의 목욕물은 급탕식으로 설치하고, 정북(正北)에 순간온수기를 두지 않는다.

(2) 욕조의 물은 쓰고 곧바로 버리며, 목욕탕용품은 황색이나 오렌지색으로 화사하게 하고, 환기팬, 전등은 밝은 분위기를 연출하고, 욕실, 타일은 크림색, 황색, 살색으로 하며, 욕조는 아이보리색으로 바꾸어서 물이 깨끗하게 보이도록 한다.

(3) 침대(寢臺)에서 욕실(浴室)이 북(北)에 있으면 실내장식을 잘 꾸며도 욕실의 기(氣)를 이길 수 없다. 이럴 때는 욕실(浴室)을 신뢰, 안정, 남녀 사랑, 융화, 극음인 북(北)에 두지 않도록 침대를 옮겨 배치한다.

(4) 머리는 젊음, 건강, 정보, 배움, 부지런함인 동(東)이나 젊은 여자, 우아, 상냥, 교제, 결혼인 남동(南東)에 둔다. 혼자 살아도 이와 같은 장식으로 꾸며라.

(5) 신뢰, 안정, 남녀 사랑, 융화, 극음인 북욕실(北浴室)은 화려한 색으로 꾸민다. 북(北)에 욕실(浴室)이 있고, 남동(南東)에 딸을 재울 수 없으면 문제가 된다.

과거남자(過去男子) 실내디자인

저장, 결실, 풍요, 순결, 타락, 깨끗함, 신선, 고요, 즐거움, 편안인 서현관(西玄關)이면 문(門)을 깨끗이 하고, 귀여운 여자 그림을 걸어 둔다.

(1) 구두는 3켤레 이상 내놓지 않는다.

(2) 세면대는 차분한 색으로 꾸미고, 거울은 항상 반짝반짝 닦아 두고, 전등은 아주 밝게 한다. 어두운 곳에서 화장하면 진하고 칙칙해진다.

(3) 계단은 비밀색인 암갈색 카펫을 깔고, 층계창(窓)에는 딸의 자화상이나 어린 시절 그림을 걸어두자.

(4) 타락, 나태, 대화, 유흥, 연애, 환락인 서(西)의 흉기(凶氣)를 가라앉히기 위해서 부엌에 직사각형의 목재 테이블을 둔다. 중후한 것이면 길(吉)하다.

(5) 의자(倚子)는 음양 중간인 베이지색 천이나 등나무 의자로 고르고, 테이블은 꽃으로 장식하며, 음식을 내어놓은 채 오래두지 않는다.

(6) 금전, 유흥, 연애, 환락, 타락, 나태, 대화인 서현관(西玄關)이면 돈에 집착해서 부자가 아니면 싫다고 앙탈부린다.

(7) 서계단(西階段)이면 마음을 붙이지 못하고 집을 뛰쳐나갈지도 모른다.

(8) 부엌이 서(西)에 있으면 가장 흉(凶)하다. 잔소리 많고, 응석받이고, 낭비벽이 심한 여성이 된다.

(9) 딸의 성격에 강한 영향을 주고, 상대방 남성의 신경을 곤두세우는 과거의 남자관계는 서(西)에서 알 수 있다.

결혼 방위

(1) 방의 남동(南東)인 출장, 상담, 거래, 남녀교제, 인연, 사회생

활, 바람, 부자, 젊은 여자, 우아, 상냥, 만남, 결혼의 방위를 살펴본다.

(2) 방의 남(南)인 두뇌활동, 예술, 정치, 첨단, 발전, 전진, 어학, 다변, 화려, 집중, 독선, 명성, 미모, 영감, 사교, 교육, 난폭, 재판, 만남, 이별의 방위를 살펴본다.

(3) 방의 서(西)인 저장, 결실, 수확, 풍요, 순결, 타락, 깨끗, 유흥, 나태, 화제, 센스, 대화, 귀여움, 연애, 환락, 금전, 고요, 편안, 승부의 방위를 살펴본다.

(4) 방의 북(北)인 정력, 신뢰, 안정, 남녀 사랑, 진로, 감춘 돈, 창의, 융화, 화합, 비밀, 자만, 교활, 협조, 극음의 방위를 잘 살펴본다. 문(門)이나 창(窓)이 없는 곳을 장식으로 보완하기 위해서 침대(寢臺)의 중심에서 살펴본다. 침대는 방 가운데 없을 수도 있다.

제23장.

봉대왕蜂大王 풍수이야기

전국을 은밀히 순행(巡行)하기를 좋아하는 19대 숙종 대왕이시다. 숙종 대왕이 미복차림으로 삼척에 갔을 때 생년월일시가 자신과 똑같은 사람을 알게 되었다. 벌을 수백 통 치는 양봉꾼이었다. 생년월일시가 똑같은 임금은 수백만 호를 거느리고, 양봉꾼은 수백 통의 벌을 거느렸으니 신기하지 않은가?

음양택(陰陽宅)

모진 바람을 막아주는 부드러운 산세! 여유 있게 흐르는 물! 풍수는 흔히 음양풍수라 해서 도읍지로 고르는 양택과 묏자리를 보는 음택풍수로 나눈다. 살아서는 편안하고 아늑한 집에서 살고 싶고, 죽어서는 양지바른 언덕에서 편히 쉬고 싶던 조상들에 의해 풍수사상이 싹텄을 것이다. 그렇다면 좋은 땅인 명당은 무엇인가? 또 어디에 있는가? 명당이란 자연의 기운이 가장 많이 뭉쳐 있는 곳이 명당이다. 풍수 상식이 없어도 인간 본능으로도 대략적으로 느낄 수 있는 곳이다. 가장 큰 명당은 수도, 군소 도시, 자연부락, 집터이고, 가장 작은 것은 묘자리인 음택이다.

부모자녀(父母子女) 인테리어

아이들은 하루가 다르게 무럭무럭 자란다. 집 안에 가구, 일용잡화가 집을 비좁게 만든다. 부부, 부모, 형제도 집이 좁으면 신경이 곤두서고 짜증나서 걸핏하면 큰소리를 지르게 된다. 가정 내 폭력으로 발전하기도 한다. 이것은 본인들만의 탓이라고 할 수 없다. 집 안의 디자인이 원인이다. 집 안의 불화는 부부만의 문제가 아니다. 좁은 집에서 제각기 열심히 살아가기 마련인 도시생활은 너무 바쁘다. 시간과의 전쟁이다. 위험한 상태나 예감이 드는 가정은 당장 점검해 보자.

흉방위청결(凶方位淸潔) 실내디자인

지혜, 희망, 음(陰)의 끝, 양(陽)의 시작, 창조, 변화인 북동(北東)에서 양(陽) 기운이 만들어진다. 양 기운이 더럽혀지면 활발한 행동을 관장하는 기운이 더럽혀진다.

(1) 귀문 방위인 북동(北東)은 깨끗이 청소하고, 창(窓)을 번쩍번쩍 닦는다.

(2) 창(窓)이 너무 크거나 출입문이 있으면 되도록 사용하지 않아야 길(吉)하다. 행운이 생겨도 달아날 우려가 있다.

(3) 화장실용품은 모두 백색이 길(吉)하며, 변기가 포도주, 청색이면 변기커버, 슬리퍼, 타올이라도 순백색으로 한다.

(4) 벽에 눈 덮인 산 사진이나 그림을 걸고, 흰 꽃향기 그윽하고, 조명은 밝게 한다.

(5) 양 기운은 아이들에게 중요한 기운이다. 남성이 쉽게 달아오르는 것도 북동간(北東艮)의 양(陽)이 잠재해 있기 때문이다.

(6) 문제가 많은 집은 전근, 좌천, 상처, 병, 실수인 동북(東北)의 사용법과 디자인에 있다.

(7) 북동(北東)은 꺼리는 귀문(鬼門) 방위지만 새로운 양(陽)의 정기가 발생하는 곳이다.

(8) 귀문(鬼門)은 언제나 조용해야 길하다. 귀문(鬼門) 방위는 많이 사용할수록 길(吉)하다.

(9) 귀문(鬼門)에 음이 강한 물을 사용하는 화장실이면 원인은 여기에 있다. 하루 종일 걸리더라도 바닥에서 천정까지 번쩍번쩍 닦는다.

남이별(南離別) 실내디자인

첨단, 발전, 전진, 어학, 다변, 화려, 집중, 독선, 명성, 미모, 영감, 사교, 교육, 난폭, 재판, 만남, 이별인 남(南)을 무엇에 이용하고 있는지 확인해보자.

(1) 욕실, 세면대, 부엌, 거실에서 열대어를 기르고 있는 집, 베란다의 배수구가 막혀서 더러우면 원인이 이것이다.

(2) 부엌 디자인을 옅은 동(東) 녹색이나 북동(北東) 청색으로 하고, 녹색용품을 사용하면 길(吉)하다.

(3) 바람이 통하게 하여 물기의 운을 북(北)으로 유도하고, 싸움이 많은 것은 독선, 난폭, 이별인 남(南) 기운이 강한 이유이니 커튼이나 블라인드로 가린다.

(4) 욕조의 물은 채우지 말고, 타올도 동(東) 녹색으로 하며, 욕실에 공간이 있으면 동(東), 남동(南東)의 정기(精氣)인 생나무나 꽃화분을 둔다.

(5) 세탁기에 빨랫감을 항상 넣어두면 흉(凶)하다.

(6) 남(南)은 어학, 다변, 화려, 집중, 독선, 명성, 미모, 영감, 사교, 교육, 난폭, 재판, 만남, 이별의 방위다. 이별은 흉(凶)한 것을 멀리하고, 길(吉)한 것과 다시 만나게 하는 재회의 기쁨도 있다.

(7) 물로 남(南) 기운은 충(沖)하여 싸움이 그치지 않는다. 욕실 창(浴室窓)은 언제나 열어둔다.

(8) 부부 사이에 싸움이 그치지 않는 집, 항상 헤어지자는 부부, 집을 나가겠다는 아이, 아이가 갑자기 조숙해서 속 썩이는 가정의 원인은 다변, 독선, 난폭, 이별인 남(南)에 문제가 있다.

이성금전(異性金錢) 실내디자인

순결, 타락, 유흥, 나태, 화제, 센스, 대화, 귀여움, 연애, 환락, 금전인 서(西) 거실의 큰 창(窓)은 블라인드로 가리고, TV, 오디오를 서(西)에 두지 않는다.

(1) 실내장식은 음양의 중간색인 베이지, 아이보리, 비밀갈색, 암녹색으로 점잖은 방으로 만든다.
(2) 욕실, 부엌은 물이 새지 않게 한다.

(3) 침착성이 없는 아이 침대, 책상은 점잖은 조력, 출세, 승부, 권위인 북서(北西), 융화, 신뢰, 안정인 북(北)에 둔다.

(4) 너무 침울한 아이 침대(寢臺), 책상(册床)은 동(東), 남동(南東), 남(南)에 둔다.

(5) 화장실, 욕실, 계단이 순결, 타락, 나태, 다변, 유흥, 즐거움, 연애인 서(西)에 있으면 돈 씀씀이가 헤퍼진다. 큰 창(窓)이 있는 방도 마찬가지다.

(6) 타락, 나태, 다변, 유흥, 환락인 서(西)쪽 오후 햇살을 가리고, 서(西)쪽 햇살이 비치는 시간을 피해서 밥을 짓는다.

(7) 타락, 나태, 다변, 유흥, 환락인 서(西)에 물, 큰 창, 계단, 천장 없는 공간이 있으면 서(西)의 즐거움이 줄어들거나 너무 좋아서 히히덕거린다.

이성, 금전 문제로 여자가 불량스러워지는 가정은 서방(西房)과 디자인을 살핀다. 부엌이 타락, 나태, 다변, 유흥, 환락인 서(西)에 있으면 가족의 단란함은 어렵다. 식사를 해도 말수가 적어 다정다감함이 쓸쓸하게 변한다. 싱크대가 더럽거나 주전자가 새면 딸이나 아내가 나가 노는 데 정신없다.

제24장.

남동아 南東亞
풍수이야기

　기업 경영인 사이에서 동양전통사상인 자연환경이론이 부활하고 있다. 서양의 합리주의에 한계를 느끼고, 자연의 조화가 근원적으로 안정되고 번영함을 깨닫게 됨이다. 서구적인 경영이론도 좋지만 이것이 초래하는 불완전을 피하고 싶을 것이다. 일본의 히로히또왕이 사망했을 때 나카지마 문부상이 각료들 앞에서 '훌륭한 명당을 찾아서'라는 담화를 발표했다. 일본의 문부대신 입에서 풍수지리 이야기가 나왔다. 왕릉을 답사한 와타나베 교수의 보고서 역시 같은 내용을 담고 있다. 좌청룡 우백호가 릉 앞을 감싸고, 명당수가 좌측으로 흘러들고 있다. 와타나베 교수는 한국의 자연환경이론에 정립된 길지(吉地)와 정확히 들어맞는 길지임을 깨닫고 감탄했다. 일본에서는 최근에 풍수지리라는 단어가 TV, 신문, 잡지에 빈번히 등장하면서 현대인에게 새로운 각광을 받고 있다. 대학가에서도 논문이나 저작이 급증하는 것은 사실이다. 실업계에서도 풍수 강좌가 개

설되는 한편, 경영자들을 대상으로 풍수 관광이 인기를 끌고 있다고 경영인 잡지 일본 프레지던트지는 전하고 있다.

대만이나 홍콩은 한국만큼이나 풍수지리를 숭상하고 있다. 대만의 타이페이에 세운 그랜드 하얏트 호텔은 풍수사상을 이용한 초현대적인 건축이라 하여 화제를 모은 적이 있다. 홍콩은 사상 최고의 건축비를 투입한 홍콩 상하이은행과 중국은행 건물이 경영가에서 풍수논쟁을 불러일으키고 있다. 설계 단계부터 저명한 명사가 자문하였다. 명사는 이미 오래전부터 비즈니스 컨설턴트 역할을 담당하고 있다. 회사 사옥, 공장용지 선택에 자문하고 있다. 홍콩정청의 공무원이나 태국 부총리 등이 이용하였다. 최근에는 중국으로 진출하는 공장 부지를 선정하는 데 이용하기도 한다.

중국을 최초로 통일한 진시황제는 대제국을 일으켜 모든 도량형 화폐문자를 통일하여 근대국가의 모델을 만들고, 만리장성과 아방궁을 구축하여 인간의 능력을 초월한 황제다. 돼지나 개처럼 살던 백성의 삶을 인간의 삶으로 끌어올리고, 세계적으로 불가사의한 진시황제 능에서 병마 발굴로 현대사에서 재평가 받은 진시황제다. 농사에 투자하면 두 배의 이익을, 장사에 투자하면 열 배의 이익을, 사람에 투자하면 천하를 얻음을 깨달은 거상 여불위(呂不韋)는 황제를 사는 사업을 벌여 종자씨 도둑으로 진시황제를 탄생시키는 데 성공한다. 장사꾼의 정기를 받아 황제가 된 진시황제는 국가를 개조하여 중국천하를 통일하고, 만리장성을 쌓은 황제가 되었다. 조상을 명당 길지에 모시고, 장사꾼의 자손으로 태어나 황제가 되니 탈신공(奪神功) 개천명(改天命)함이다.

부동산운(不動産運) 인테리어

좋은 부동산은 중개사, 돈, 시기가 딱 맞아 떨어져야 한다. 좋은 부동산은 돈이 많이 든다. 인연이 닿지 않으면 돈을 가지고도 소유하기 어려운 것이 또한 부동산이다. 부동산으로 돈을 벌 수 있으면 좋지만 노력해서 집을 매입하던가 매입할 수 없다면 좋은 아파트를 빌려라.

토지행운(土地幸運) 실내디자인

(1) 북동청색(北東靑色)은 동(東)의 기운에는 어울리지만 청(靑)색은 음기를 양기로 바꾸는 작용이 있다. 그러므로 엷은 색으로 변경한다.
(2) 동창(東窓)은 항상 열어서 바람이 통하게 하며, 아침 햇살이 비치면 일찍 일어나게 한다.
(3) 현관(玄關)은 젊음, 부동산 활용, 정보인 동(東)에 있으면 더욱 길(吉)하다.
(4) 목극토(木克土)하니 토지 활용을 말하며, 남서(南西)는 현모

양처 대지인 부동산 대지를 말한다. 또한 북서(北西)는 집안의 전체 행운을 좌우한다. 젊음, 건강, 부지런, 정보, 발전, 성장인 동(東)은 어린이나 젊은 사람이 사용하도록 한다.

(5) 식당의 동(東)에 어린이용 의자를 둔다. 동(東)에 텔레비전을 두고, 부엌이 아버지, 출세, 승부, 권위인 북서(北西)에 있으면 디자인을 갈색 베이지로 하고, 화려한 색은 금물이다.

(6) 현관(玄關), 부엌이 북서(北西)에 있으면 큰 부동산에 인연이 없다. 북서(北西)에 현관(玄關)이 있으면 양기(陽氣)를 높이는 식물을 둔다.

(7) 남서(南西)에 화장실, 욕실, 부엌 등등 물을 사용하면 부동산 운에 흉(凶)하다. 이에 황색, 흰색 장식으로 바꾸거나 욕조의 물은 사용 후 빨리 버린다. 그리고 화장실엔 방취제와 슬리퍼를 교환하고 청소에 신경을 쓴다.

(8) 부엌과 식당은 따로 있으면 길(吉)하며, 부엌과 식당이 붙어 있으면 값진 다이닝 세트로 바꿔야 길(吉)하며, 세탁물을 만지거나 가계부를 적을 때 대지, 원만, 인내, 현모양처인 남서방(南西房)을 사용하고, 남서(南西)에 큰 창(窓)이 있으면 흉(凶)하므로 남서(南西)에 있는 창(窓)에 커튼을 쳐둔다.

(9) 식탁은 풍요, 깨끗, 즐거움인 서(西)에 두고, TV는 배움, 부지런인 동(東)에 둔다.

(10) 앉는 자리는 남편은 서(西), 부인은 북(北), 자녀는 동(東)과 남(南)에 앉는다. 시계는 동(東)벽, 신문, 잡지는 남(南)에 두

며, 좋은 땅을 찾으려면 귀문, 대지, 단독주택인 남서(南西), 조력, 출세, 승부, 권위인 북서(北西), 부동산 활용인 동(東)을 이용한다. 그리고 남서(南西), 북서(北西), 동(東) 셋 방위에 현관, 주방, 욕실, 화장실이 없어야 한다.

주택운(住宅運) 실내디자인

귀문방위(鬼門方位)인 북동(北東)에 있는 방(房)의 창을 열지 말자. 덧문이나 두꺼운 커튼으로 어둡게 해야 길(吉)하다. 되도록 흰색 가구를 산뜻하게 배치한다. 저축, 지혜, 음의 끝, 양의 시작, 창조, 전근, 좌천, 이동, 상속, 부동산, 정치, 상처, 병, 실수, 의협심, 귀문, 산, 빌딩인 북동(北東)에 화장실, 정화조, 쓰레기통이 있으면 건물운과는 인연이 없다. 이거다 하고 사고서 보면 실망하게 된다. 매일 화장실에 소금을 한줌 정도 접시에 담아놓았다가 다음날 화장실 밖에 뿌린다. 화장실용품은 하얀 것으로 하라. 그리고 화장실 구석구석 깨끗하게 청소하고, 작은 접시에 소금을 담아둔다. 독채나 아파트를 갖는 행운은? 조력, 출세, 승부, 권위인 북서(北西)이며, 대지, 단독주택은 남서(南西), 산, 빌딩인 북동(北東)의 기(氣), 즉 북동기(北東氣)를 받아야 한다.

제25장.

숙종의 서찰 肅宗의 書札
풍수이야기

　미복으로 순행(巡幸)하던 숙종 대왕이 수원 근교 언덕에 도달했을 때 개울에서 엉엉 울면서 땅을 파고 있는 총각을 발견했다. 자세히 보니 옆에 관을 놓고 땅을 파고 있었다. 조금만 파도 물이 나오는 개울가에서 땅을 파면서 울고 있었다.
　"이보게 총각, 이것은 누구의 관인가?"
　"어머님의 관입니다."
　"여기는 어찌하여 파고 있는가?"
　"어머님을 모시려 합니다."
　"물이 솟아나는 곳에 어머니를 모시겠단 말인가? 부모님을 물이 나오는 냇가에 모시는 사람이 세상 천지에 총각 말고 누가 있겠나?"
　"전들 이러고 싶지 않으나 저 위에 사는 갈처사라는 유명한 명사(明師)가 오셔서 불쌍하다고 저를 이곳으로 데리고 와서 무조건 파라고 했습니다."

숙종대왕은 명사(明師)가 괘씸하였다. 도와주지는 못할망정 골탕을 먹이다니 이놈을 당장 혼찌검을 내주어야겠다고 생각했다.

"시신을 내가 보고 있을 터이니 이 서찰을 가지고 수원부사에게 보이도록 하여라."

갑자기 어머니가 돌아가시지 않나, 갈처사라는 사람은 물이 나오는 개울가에 어머니를 모시라고 하지 않나, 생면부지의 선비가 무조건 서찰을 주면서 높디높은 수원부사에게 서찰을 전하라 하니 총각은 귀신에 홀린 듯하였다. 총각은 선비의 위엄 있는 말에 수원부로 달려갔다. 서찰의 내용은 이러하였다. 서찰을 가지고 간 사람에게 당장 쌀 300가마를 내어주고 좋은 자리를 물색하여 장사 지낼 수 있게 조치하라 쓰여 있었다.

항상청춘(恒常靑春) 인테리어

건강과 젊음의 비결은 맛있게 먹고 푹 잠자는 데 있다. 건강을 유지하는 실내장식은 부엌과 침실의 장식이 중요하다. 도전, 배움, 성장, 발전, 젊음, 건강인 동(東)과 결실, 풍요, 즐거움, 고요, 편안인 서(西)를 이용한다. 특히 섭생이 게을러서 스트레스가 쌓인 사람이나 커리어우먼을 지향하는 독신여성은 젊음, 건강을 유지하는 장식을 연구해야 한다. 건강 자체가 뛰어난 재능이다. 언제나 건강해서 일을 잘하고 의욕적으로 살면 평범한 인간도 보통 이상의 삶을 누릴 수 있으며, 자녀도 건강하면 가장 행복한 가족이며, 홈드라마의 이상적인 모습이 된다. 아침부터 밤까지 집안의 일에 쫓기면서도 언제나 미소를 짓는 자상한 어머니, 친구, 동료는 병에 걸려서 쉬지만 건강하게 묵묵히 일하며, 밤 모임에도 건강히 참석하는 아버지를 위해 항상청춘 실내디자인으로 만들어보자.

동(東)부엌 실내디자인

(1) 젊음, 건강, 배움, 부지런, 정보, 발전인 동(東)에 부엌이 있으면 길(吉)하다. 동(東)에 부엌이 없는 집은 부엌에서 만든 요리를 동(東)쪽 방에서 식사한다.

(2) 동(東)쪽에 방이 없으면 방의 동(東)에 테이블을 붙여서 동(東)을 바라보면서 식사를 한다. 동(東) 부엌에서 식사 준비를 하는 사이에 주부나 딸은 먼저 기운을 차린다. 동(東)은 태

양이 떠서 원기의 에너지가 깃들어 있으며, 부엌은 젊음, 건강, 성장인 동(東)이 최고다.

(3) 부엌을 깨끗하게 사용하고 아침 햇살이 들도록 창(窓)을 가리지 않는다. 요리도 동(東)의 정기(精氣)가 조미료처럼 들어간다. 음식을 먹은 가족은 젊음, 건강인 동(東) 기운이 충족된다.

(4) 젊음, 건강인 동(東) 기운이 방에 가득 차게 만드는 것이 중요하다. 이에 목생화(木生火)하게 태양색을 실내장식에 사용한다.

(5) 냉장고, 토스터, 레인지, 식기를 빨간색으로 하고, 테이블이나 싱크대 옆에 붉은 꽃을 두고, 항상 음악을 듣는다.

(6) 슬리퍼는 북동청색(北東靑色)으로 하고, 벽에도 밝은 배경의 풍경화, 꽃 그림을 걸어둔다. 식당의 조명은 밝게 하고, 바닥 장판은 남적(南赤)이나 남동적자색(南東赤紫色)이 길(吉)하다.

식사의 예절로써 식사 때 "잘 먹겠습니다. 잘 먹었습니다." 이렇게 고마움을 표시하면 주부는 행복해서 더욱 맛있는 음식을 만들 수 있으며, 식사 때 즐거운 화제를 주고받으며 오락프로를 보고 멍청하게 웃어도 길(吉)하다.

북두단면(北頭短眠) 잠 보약 실내장식

(1) 서(西) : 저장, 수확, 결실, 풍요, 순결, 타락, 깨끗함, 유흥, 나태, 대화, 화제, 센스, 귀여움, 연애, 환락, 금전, 고요, 편안, 승부인 서(西)

(2) 북서(北西) : 사회적 활동력이 큰 기획, 지위, 재산, 가장통솔력, 존경, 하늘, 조력, 출세, 승부, 권위인 북서(北西)

(3) 북(北) : 정력, 신뢰, 안정, 남녀 사랑, 진로, 감춘 돈, 창의, 융합, 비밀, 협조, 극음인 북(北)에 침실이 있어야 하며, 북(北) 침실이 없으면 실내디자인을 찬색으로 하고, 청색, 녹색, 회색의 연한 색이 길(吉)하다. 바닥은 지기를 빨아들여 성장하는 목재가 가장 길(吉)하며, 카펫을 깔면 매일 청소해야 한다. 먼지가 쌓이거나 밤낮으로 펴놓은 이부자리는 가장 흉(凶)하다. 커튼은 두꺼운 것이 길(吉)하나 줄무늬는 흉(凶)하니 음기가 넘치는 서(西), 북서(北西), 북(北)에 침실이 있으면 엷은 따뜻한 색으로 디자인하고, 천장의 벽에 붙이는 조명기구 스탠드로 변화를 주고, 꽃으로 장식하며, 장롱 위에 상자를 두지 말고, 먼지를 청소하며, 잠옷은 매일 세탁한 산뜻한 옷을 입는다.

(4) 중년이상(中年以上)의 침실(寢室) : 신뢰, 안정, 사랑, 융화인 북(北), 조력, 출세, 승부, 권위인 북서(北西), 결실, 풍요, 즐거움, 고요, 편안인 서(西) 침실(寢室)이 최고(最高)다. 침실(寢室)은 가능한 햇볕이 들지 않는 침실이 길(吉)하며, 침구는 별

에 자주 말리면 길(吉)하다. 중년이상(中年以上)은 침대(寢臺)가 가장 중요하니 방의 서(西)나 북에 붙여서 서나 북서(北西)에 머리를 두고 잔다.

(5) 젊은 사람의 침대(寢臺) : 방의 젊음, 건강, 배움, 부지런, 성장, 발전인 동(東)이나 젊은 여자, 우아, 상냥, 결혼인 남동(南東)으로 옮겨라.

(6) 숙면 실내장식 : 차분한 잠옷, 약간 어두운 간접조명, 침대머리 스포트라이트나 독서등을 머리맡에 두고, 그 옆에 관상수 한 그루 두면 푹 잘 수 있다. 텔레비전, 오디오는 동(東)이나 남동(南東)으로 옮기며, 벽장은 남서(南西), 북동(北東)에 둔다.

제26장.

무학대사 無學大師
풍수이야기

무학대사는 고려 27대 충숙왕 때 경남 합천에서 태어났다. 처녀가 빨래하러 갔다가 물에 떠내려오는 오이를 먹고 회임하였다. 이에 아비 없는 자식이라 내다버렸다. 그러나 학(鶴)이 감싸 보호하여 살렸다고 한다. 대부분 설화에 의한 탄생은 거의 비슷한 방법으로 잉태하여 자연의 보호로 죽을 고비를 넘기는 비범함으로 보통 사람과 다르게 했다. 물에 있는 오이는 깨끗하고 싱싱한 남근을 상징했으리라. 오이를 먹음은 정기를 받았음을 의미하여 신비화시켜 성스럽게 하려는 의도였으리라 생각한다.

봉래양사언(蓬萊陽士彦)

"태산이 높다 하되 하늘아래 뫼이로다. 오르고 또 오르면 못 오를 리 없건만, 사람이 제 아니 오르고 뫼만 높다 하더라."로 유명한 봉래(蓬萊) 양사언(陽士彦)이다. 양사언, 안평대군, 김구, 한석봉이 조선의 사대 서가이다. 양사언의 아버지가 양희수(陽希洙)이다.

부(富)자 돈이 따르게 하는 인테리어

재운은 불가사의해서 돈에 찌든 사람이 아무리 안달해도 돈이 생기지 않는다. 장식을 이용하면 변덕이 심한 돈도 당신을 따라다닌다. 돈이 사람을 따라야 돈이 생기는 것이다. 사람이 돈을 따른다 해서 돈이 생기지 않는다. 큰돈은 없지만 돈 걱정 없이 느긋하게 여행을 즐기며 보통 이상의 생활을 누리는 사람도 있다. 사장이 아니라도 돈이 따라다니는 사람이 있다. 궁색한 처지의 사람은 돈을 구하지 못한다.

석양(夕陽)별 실내장식

분홍색, 대지, 노력, 원만, 인내, 현모양처인 남서(南西) 큰 창(窓)에서 뿜어대는 태양열이 일할 의욕을 잃게 한다. 창(窓) 양쪽에 수납 가구를 둔다. 가구를 둘 수 없으면 조명기구를 남서(南西) 큰 창(窓) 가로 옮겨서 둔다. 그리고 플로어스탠드를 두어도 길(吉)하며, 붉은색 꽃화분을 두면 길(吉)하다. 큰 창(窓)은 남서(南西) 에너지로 게으름뱅이가 되기 쉽다.

(1) 서방(西房) : 결실, 풍요, 깨끗함, 유흥, 나태, 다변, 연애, 환락, 고요, 편안, 금전인 서방(西房)은 장식과 가구를 이용하면 길(吉)해진다.

(2) 서(西) : 큰 창(窓)이 금전, 순결, 타락, 나태, 센스, 대화, 다변, 유흥, 연애, 환락인 서(西)에 있으면 커튼, 블라인드를 베이지, 갈색으로 하고, 줄무늬는 피한다. 서(西)쪽 햇살이 좋지만 햇살이 바로 비치지 않는 서방(西房)이 재운을 부른다. 재운(財運)은 서(西)쪽을 좋아하지만 서(西)쪽 햇살이 직접 비치면 일할 의욕을 상실하여 쾌락으로 치닫는다.

베이지 벽(壁) 실내디자인

(1) 저장, 결실, 풍요, 깨끗, 유흥, 대화, 연애, 즐거움, 고요, 편안인 서(西)와 대지, 노력, 원만, 인내, 순종, 현모양처인 남서(南西)의 천장에 홈 속에 끼워 넣는 다운라이트 플로어스탠드가 길(吉)하다.

(2) 서(西)쪽 오후 볕의 양기가 강하니 둥글고 심플한 것과 디자인이 같은 스탠드와 테이블을 구석에 두고, 천장 중앙에 조명을, 거실 테이블 위에 코드팬으로 조명을 한다.

(3) 천장은 소리를 흡수하는 재료가 길(吉)하며, 벽이나 천장도 갈색, 베이지색이 길(吉)하다. 나무판자도 길(吉)하다. 벽이나 천장도 갈색, 베이지색이 길(吉)하다. 벽은 회반죽질로 마

무리하여 표면을 흙손으로 처리하거나 도료 분무기로 끝마무리를 하면 길(吉)하다.

(4) 바닥에 노송, 참나무, 어도밤나무 판자로 짙은 갈색이 길(吉)하며, 카펫이 필요하면 베이지색으로 음기인 털이 긴 카펫을 고른다.

(5) 유리, 스테인리스 테이블은 흉(凶)하다. 꼭 유리 테이블을 고집한다면 귀퉁이에 관상수를 둔다. 황금색, 금전, 중후, 신중, 포용, 신념, 부드러움, 사랑인 중앙(中央)은 지기(地氣)가 강한 대리석 테이블이 가장 길(吉)하다. 다음으로는 푸조나무 테이블이 길(吉)하다.

가죽 의자 소파 실내디자인

TV, 오디오는 검정색이 길(吉)하다. 방(房)의 젊음, 건강, 소리, 정보인 동(東)에 TV, 오디오를 두고, 벽시계를 그 위에 달자.

(1) 유리문에 조각 세공을 넣고, 손잡이는 금속이 길(吉)하다. 서(西) 기운과 금속은 궁합이 잘 맞는다.

(2) 식기는 많이 넣지 말자. 방(房)은 약간 어둡게 사용해야 길(吉)하다. 너무 밝은 집은 돈이 모이지 않는다.

(3) 나무테가 있는 아라비아 숫자의 시계(時計)는 남(南) 빨간색이나 중앙(中央) 황금색으로 하자. 천장은 동(東) 나뭇결이 있

는 목재로 한다.

(4) 소파나 의자는 가죽제품으로 하자. 인조가죽은 정기(精氣)가 약하다. 결실, 저장, 비밀은 갈색(褐色)이다. 성장, 발전색인 동(東) 초록색이 길(吉)하지만 목돈이 들어오면 바로 나간다.

(5) 양기서린 가죽의자는 갈색(褐色)이 길(吉)하고, 음기서린 천 의자나 등나무의자는 쿠션이나 등받이에 따뜻한 색이나 꽃 무늬를 사용한다. 초록색 테이블은 광택 있는 나무로 마무리 하면 양 기운을 약하게 조절하여 지출을 막을 수 있다.

제27장.

자연의 신비 自然의 神秘
풍수이야기

　아메리카 대륙과 아시아 대륙은 서로 이어져 있었다. 극동아시아 지역에서 아메리카 대륙으로 이주하여 잉카문화를 이룩했다. 여러 가지 동일한 풍습인 고산숭배, 천신숭배, 태양신숭배 및 언어도 비슷한 것을 발견할 수 있다. 문화, 언어 생태학적으로 두드러지게 같은 곳이 있다. 땅은 끊임없이 활동하고 있다. 가라앉아 바다가 되기도 하고, 솟아올라 육지나 산이 되기도 한다. 붙어있던 땅이 갈라져서 바다가 되어 멀어지기도 한다. 산림이 울창했던 곳이 대기의 변화와 지각변동으로 사막이 되기도 한다.

　땅은 죽은 것이 아니라 살아있는 생명체다. 삼라만상의 질서는 돌고 돌아 순환한다. 태평양 지각대는 조금씩 가라앉고 아시아 대륙 지각대는 서서히 위로 올라와서 서해안이 육지로 변한다. 50여 년 전만 해도 서해안의 갯벌이 넓지 않았으나 지금은 갯벌이 아주 멀리까지 펼쳐져 있다. 거짓말 같으면 서해 바닷가에서 오래 산 노인에게 물어보면 금방 알 수 있다. 서해바다가 올라와서 국토가 점점 넓어지고 있다. 섬과 육지 사이에 모세의 기적이 일어나듯이 길이 나타나는 현상도 서해안이 융기하고 있다는 증거다.

아메리카주의 록키 산맥과 안데스 산맥이 생긴 내력을 연구하면 알 것이다. 육지의 산맥이 물속으로 이어져서 섬을 이루었으니 모세의 기적 같은 현상은 물밑 산맥이다. 우리나라 땅덩어리 자체가 서서히 올라오고 있다. 중국과 연결되는 모세의 기적이 생기지 않는다고 말할 수 없을 것이다. 이렇게 되면 서해안이 중심도시로 변모하게 될 것이다. 포구로 장풍된 곳이 어딘지 살펴보면 재미있을 것이다. 서해안 시대엔 인천, 서산, 당진, 예산, 전주, 군산이 중심지역으로 부상하게 된다. 전주의 지운이 쇠약하면 평양의 지운이 융성하고, 전주의 지운이 융성하면 평양의 지운이 쇠약하니 서울은 저울의 지렛대 역할을 한다고 전해져 내려온다. 노령 산맥에서 응결한 건자산(乾止山)과 기린봉 밑이 전주다. 건자산을 주산, 진산으로 하면 남향이고, 기린봉을 주산, 진산으로 하면 북서향이 된다. 서편의 황방산이 훌륭하고 아름답다.

스트레스 인테리어

안 되는 것이 많은 사람에게 되는 공간을 만들어 자신감을 주면 스트레스는 해소된다. 스트레스를 해소하는 디자인이 필요하다. 기분전환이 안 된다, 마음 편히 잘 수 없다, 컨디션 회복이 안 된다 하는 스트레스는 목욕, 식사, 숙면으로 해소시키자. 욕실, 부엌, 침실 장식이 스트레스를 푸는 데 가장 중요하다. 욕실, 부엌, 침실가구 디자인으로 스트레스를 해소시키며, 도시주택은 주거면적, 방음, 공해로 스트레스를 풀 수 있는 방법이 없다. 현대는 스트레스와의 전쟁이다. 스트레스가 쌓이지 않는 가장 좋은 약은 가정에서 멍청하고, 즐겁고, 편안하게 쉬는 것이다. 집을 스트레스 받지 않는 가장 편안한 곳으로 꾸미자.

욕실(浴室) 타올 실내디자인

욕실(浴室) 타일이 청색, 녹색 등 찬색이면 세면기, 의자, 비누통은 따뜻한 색인 엷은 황금색, 노란색, 베이지색으로 음양(陰陽)의 조화가 이루어지도록 한다.

(1) 욕조색은 물이 깨끗하게 보이게 하고, 욕조의 물때는 깨끗이 청소하며, 먼지나 곰팡이가 생기지 않게 말끔히 청소를 한다.

(2) 목욕 후 사용한 물을 바로 빼자. 집 안에 습기 차면 재충전의 효과가 줄어든다.

(3) 타올은 항상 새것으로 넉넉하게 두고 사용하며, 수건이나 목

욕타올에 곰팡이가 생기고, 때 묻은 수건을 사용하면 흉(凶)하다. 순백색의 타올이 제일이며, 순백색의 목욕가운이 길(吉)하다.

(4) 여름에는 냉방병에 시달리고, 겨울에는 발 시린 사무실, 주택에 시달린다. 목욕이 가장 좋은 약이지만 샤워만 할 수 있는 욕실은 길(吉)할 수 없다. 운동하여 땀 흘린 후에 몸을 담글 수 있는 욕조형이 혈액순환이 잘 된다.

편한 식사 실내디자인

음기(陰氣)서린 흐릿한 백열등은 짜증스럽다. 되도록 천장과 벽에 붙은 간접 조명기구를 사용하자. 갓 없는 백열구는 스트레스를 쌓이게 한다.

(1) 식탁 곁에 음양을 조화시키는 분재한 그루를 두면 길(吉)하다. 창(窓)에 레이스 커튼을 달자.

(2) 마음 편한 식사가 길(吉)하다. 편한 팔걸이 의자가 길(吉)하며, 식탁보다 더 좋은 의자를 사용하자.

(3) 가장 흉(凶)한 것으로 음기가 강한 어둡고 작은 원형테이블에서 궁상맞게 식사하면 스트레스가 더 쌓인다.

(4) 한 장짜리 사각나무 식탁이면 양(陽)이 강해져서 더욱 길(吉)하다. 상처가 있으면 도료를 칠해서 깨끗이 한다.

(5) 양지바른 곳에 식당이 있으면 길(吉)하지만, 어두운 곳이라도 테이블이 양기(陽氣)가 있으면 무관하다.

(6) 테이블 위에 꽃과 과일을 두고, 꽃은 흰색이나 계절에 맞는 옅은 색 3송이면 충분하다. 과일은 3가지 종류로 바구니에 담아 중앙에 두면 길(吉)하다.

행운침실(幸運寢室) 실내장식

(1) 동침실(東寢室) : 소리, 정보, 젊음, 건강인 동침실(東寢室)은 경쾌한 음악과 청색(靑色), 회색(灰色)으로 배색한다. 남(南)의 빨강색이나 남동(南東)의 짙은 남색 시계가 있으면 길(吉)하다. 풍요, 즐거움, 편안함, 고요인 서침(西寢)이나 젊음, 건강, 배움, 부지런, 성장인 동침(東寢)을 하면 길(吉)하지만 아침 햇살이 강하니 커튼은 두꺼운 것으로 친다.

(2) 서침실(西寢室) : 나태, 다변, 유흥, 연애, 환락인 서침실(西寢室)은 오후 햇살이 침실로 들어오지 않도록 가리며, 갈색, 베이지색을 바탕으로 하고, 푹신한 침대에서 잠을 잔다. 또한 말수가 적어지는 침실이니 부부가 함께 잠자리에 들도록 하며, 쉽게 잠드는 방향이니 서로가 불만스럽지 않도록 한다.

(3) 남침실(南寢室) : 발전, 첨단, 화려, 쾌활, 집중력, 명성, 미모, 영감인 남침실창(南寢室窓)이 크면 분재 두 그루를 창(窓) 옆에 두어서 태양의 양 기운을 다소 떨어뜨려라. 커튼이나 카펫은 목생화(木生火), 목화통명(木火通明)하게 연두색이나 녹색으로 한다. 침대는 신뢰, 안정, 융화인 북(北)에 붙이고, 40대 이하(以下)는 동침(東寢)하고, 40대 이상(以上)은 서침(西寢)을 한다.

(4) 북침실(北寢室) : 융화, 신뢰, 안정인 북침실(北寢室)이면 커튼, 침대커버는 따뜻한 핑크, 오렌지, 노란색을 배합하고, 가구는 따뜻한 베이지, 갈색으로 한다. 그리고 침대는 결실, 풍요, 즐거움, 고요, 편안인 서(西)에 둔다. 젊은이는 배움, 부지런, 성장, 발전, 정보인 동침(東沈)을 하고, 침실(寢室)은 물병이나 주전자를 꺼리며, 침실 옆에 샤워룸을 만들면 스트레스를 받는다. 번쩍이거나 단조로운 색은 묘한 기분의 높낮이가 생기게 하니 주의한다. 그래도 잠자지 못하면 남녀 사랑, 감춘 돈, 신뢰, 안정 방위인 북(北)으로 머리를 두어도 길(吉)하나 대체로 즐거움, 편안함, 고요인 서(西)나 동침(東枕)을 하

며, 침대는 편안하고 약간 큼직해야 길(吉)하다.

　40대 이상은 즐거움, 고요, 편안인 서방(西房)으로 침대를 옮긴다. 지는 해는 사람을 휴식으로 이끈다. 스트레스를 잘 받는 40대면 즐거움, 고요, 편안인 서(西)나 신뢰, 조력, 출세, 승부, 권위, 노후 방위인 북서침실(北西寢室)에서 자야 길(吉)하다. 반대로 40대 이하의 침실(寢室)은 상관이 없다. 가능한 넓이가 넉넉하고 행운을 부르는 방위에서 잠을 자라. 만약 침실(寢室) 조건을 갖추지 않았으면 방향에 맞는 책상과 침대배열로 기(氣)를 보충한다.

제28장.

해인사화염 海印寺火焰 풍수이야기

무학(無學)은 어려서 동자승이 되었다. 냇가에서 상추를 씻다가 허공을 향하여 물을 뿌리고 있었다. 이때 같이 있던 스님이 소리쳤다.

"이놈아! 상추는 씻지 않고 허공에다 휘젓고 있느냐?"

"해인사가 훨훨 타고 있어서 불을 끄는 중입니다."

그 말을 듣자 스님들은 미친놈이라고 코웃음치며 비웃었다. 그리고 얼마 후 해인사 스님이 오셔서 이런저런 이야기를 하던 중 일전에 해인사에 큰 불이 나서 어찌할 줄 모르고 당황하였는데 갑자기 하늘에서 큰비가 내려 불길을 잡아주었다 한다. 그런데 이상하게도 여기저기에 상추잎이 떨어져 있었다고 이야기한다. 이 소리를 들은 스님은 어안이 벙벙했다. 날짜와 시각을 맞추어보니 무학 동자가 물에 씻던 상추잎을 허공에 휘졌던 때와 동일했다. 이 설이 해인사 화염 이야기이다.

부부금실 잉꼬부부 인테리어

디자인은 부부 사이를 응원해주기도 하고, 훼방을 놓기도 한다. 아무래도 탐탁하지 않다. 요즘은 밤 생활이 이루어지지 않는다. 대화는 없고, 얼굴 보기도 싫고, 소가 닭 보듯 한다.

"저런 사람일 줄 몰랐다."

"좀 더 다정하고 부드럽게 해줄 수도 있었을 텐데……."

부부란 서로가 평행선으로 이해하기 어려운 상대다. 인연이 닿아 백년해로하기로 하였으니 참고 사는 날까지 정답고 즐겁게 살아야 하지만 부부란 언제나 이혼을 생각하는 사이란다.

"금혼식 축하연에서 싸움은 한 번도 하지 않고 아주 다정하고 정답게 잉꼬부부처럼 사랑한다고 생각하면서 평생을 살아왔어요. 결코 헤어진다는 마음은 꿈에도 생각한 적이 없어요. 다만 언제 죽여버릴까 생각하면서 50년을 꾹꾹 누르며 참고 인내하면서 살았습니다."

이런 현실이다.

북욕실(北浴室) 실내디자인

(1) 서(西) 서창(西窓) : 서창(西窓)이 있으면 두꺼운 커튼을 쳐서 서(西)쪽 햇살이 너무 들어오지 않게 한다. 서(西)에 큰 창(窓)이 있으면 침대는 너무 붙이지 말고 약간 거리를 둔다. 서(西)쪽 햇살은 밖에서 유흥, 연애, 타락, 환락을 즐기고 싶은 생각이 생긴다.

(2) 북욕실(北浴室) : 남녀 사랑, 감춘 돈, 자만, 교활인 북(北)에 욕실(浴室)이 있으면 두 사람이 갖는 즐거운 밤의 찬스는 드물 것이다. 북욕실(北浴室)은 통풍이 잘 시켜서 곰팡이가 피지 않도록 한다. 욕실(浴室) 타올은 큼직한 것을 여러 장 준비하며, 목욕수건은 매일매일 세탁한 것이 길(吉)하다. 욕실(浴室)에 아름다운 화병을 두면 부부가 정답고 다정하게 된다.

(3) 동(東) 남동욕실(南東浴室) : 동(東)은 젊음, 남자, 건강, 남동(南東)은 젊음, 여자, 우아, 상냥, 결혼, 행운을 부르는 방위로 욕실(浴室)을 옮긴다.

(4) 북침대(北寢臺) : 신뢰, 안정, 남녀 사랑, 융화인 북침대(北寢臺) 벽에 바다, 호수 등 큰 물이 가득하게 담긴 그림이나 범선 그림을 걸어둔다. 그 곁에 스탠드를 두게 되면 두 사람 사이에 신혼 기분이 저절로 날 것이다. 재떨이나 라이터는 극음인 북(北)쪽 베갯머리에 두지 마라. 흉(凶)하다. 밤 생활도 서먹하고 짜증나서 재미없는 부부에게는 북(北)과 서(西)에 있는 장식이 문제다. 다른 곳으로 정리하라.

(5) 북(北)은 부부 간의 신뢰하는 애정 방위다. 사랑하고 신뢰하는 방위다. 두 사람만의 비밀을 만들고 남몰래 즐기며 키워가는 방위다. 그러므로 조명과 스탠드를 병용한다. 통풍이 잘 되게 창은 열어놓고, 커튼을 쳐두면 길(吉)하다. 오디오나 텔레비전은 남동(南東)에 둔다.

(6) 침대(寢臺)는 서(西)에 붙여서 놓고 북(北)으로 머리를 두고

잔다. 수납가구는 너무 많이 놓지 말고, 거울이나 화장대를 서(西)에 둔다. 북창이 있으면 오른쪽에 꽃을 두거나 화분을 두고, 북(北)에는 화려한 색이나 쇼킹한 빨간색으로 장식하고, 줄무늬 커튼색 모양의 제각각의 가구가 있으면 즉시 치워라. 그리고 따뜻한 베이지색이나 크림색으로 장식한다. 카펫의 경우 털이 5미리 이상인 음(陰)이 길(吉)하며, 벽과 천장은 천 벽지로 도배해야 길(吉)하다.

서침실(西寢室) 실내디자인

젊은 남자, 건강, 정보인 동침(東枕)은 베갯머리에 스탠드를 놓고, 오디오는 동(東)벽에 두며, 시계는 동벽에 달고, 달력이나 마음에 드는 그림을 건다. 서(西)에 큰 창(窓)이 있으면 녹색 커튼이나 블라인드가 길(吉)하며, 서(西)쪽 햇살이 너무 강하면 창(窓) 가까이 식물이나 플로어스탠드를 두어 오후 햇살을 조화시킨다. 그리고 창 양쪽에 스탠드 한 쌍을 두면 더욱 길(吉)하다. 서벽(西壁)에는 전원풍경, 숲 그림 또는 포스터를 달아라.

(1) 서욕실(西浴室)이 있으면 부인이 밖으로 나돈다. 그리고 즐거운 일이 밖으로 새어나간다. 이에 ① 목욕은 아침에 한다. ② 사랑인 노란 장미꽃을 탈의장에 둔다. ③ 꽃무늬 타올을 사용한다. ④ 목욕용품은 금전, 사랑을 부르는 노랑을 사용한

다. ⑤ 음양 균형을 잡아주면 길(吉)하다.

(2) 서침(西寢)은 사십을 넘기면 곧장 잠이 드니 재미가 없다. 서침(西寢)은 고요, 풍요, 깨끗, 즐거움, 편안을 이야기한다.

(3) 남침(南寢)은 발전, 쾌활. 집중력, 명성, 영감, 난폭이다. 남침(南寢)은 잠을 옅게 만들어 멍해진다. 베갯머리에 관상수를 두어 극양(極陽)을 조화시켜야 한다.

(4) 서(西)쪽은 젊은 남녀가 즐기는 침실로 가장 알맞다. 비밀색인 갈색(褐色)으로 차분한 색상이 길(吉)하며, 베이지나 회색이 길(吉)하고, 녹색 커튼은 중년 이후 숙면과 즐거움을 준다. 서방(西房)은 아이들이 사용하면 놀기만 좋아한다. 부부의 방으로 바꾸어라. 불혹의 나이 이상은 침대를 신뢰, 안정, 남녀 사랑, 융화인 북(北)이 길(吉)하나 젊은 사람은 건강, 성장, 발전인 동(東)이 길(吉)하다.

제28장.

청홍선 靑紅扇; 청홍색의 부채
풍수이야기

　군수 양희수가 부임지인 관아로 가던 중 농사철이라 마을이 비어서 점심을 먹을 수 없었다. 그런데 열두어 살 되어 보이는 여아가 밥을 지어 올리겠으니 자기 집에서 잠시 기다리라 하였다. 그래서 어린 네가 어떻게 대감행차 대접을 할 수 있느냐고 물었다. 그러면서 여아에게 방을 깨끗이 치우면서 대감님을 모시라 하였고, 대감님의 진지쌀은 자기 집 것으로 하고, 다른 사람의 식량만 내어놓으라고 한다. 하여 점심식사를 내오는데 정결하고 소담스러워 보통 솜씨가 아니었다. 양 군수가 여아를 기특히 여겨 청홍선(靑紅扇; 청홍색의 부채)을 꺼내주면서 농담(弄談)으로 너에게 주는 예물이니 받으라 했다. 여아는 방으로 들어가서 붉은색 보자기를 가지고 나와서 깔아놓고 부채를 받으면서 예물(禮物)로 주시는 폐백(幣帛)인데 이렇게 소중한 예물을 손으로 함부로 받을 수 없다 한다.

그 후 여러 해 후 문졸(門卒)이 들어와 장교가 군수를 찾는다 했다. 장교는 엎드려 절하면서 군수께서 여러 해 전 지나던 길에 여아가 지어올린 점심대접을 받으신 일이 계시냐고 물으니 그러하다고 양 군수가 대답을 한다. 이때 군수께서 내리신 신물(信物)이 이것이옵니까? 하고 물었다. 군수는 신물이 아니고 기특하여 상으로 주었다 하니 그 아이가 소인의 딸입니다. 금년 열다섯이어서 혼인을 시키려 하나 양 군수께서 예물(禮物)을 주셨는데 어찌하여 다른 곳으로 시집 갈 수 있느냐고 한사코 거절하여 찾아뵈었습니다. 딸에게 농담으로 하신 말씀이라 하였으나 마음을 돌리지 않아 할 수 없이 찾아뵙게 되었단다 하니 딸은 지체 높으신 대감께서 농담(弄談)을 하실 리가 없다는 것이 딸의 주장입니다.

하니 군수는 네 딸의 말이 하나도 틀리지 않다. 나의 실수였다. 자네가 좋은 날을 택하라. 이렇게 해서 어린 여아와 양 군수 사이에서 태어난 아들이 양사언(陽士彦)이다. 그 후 양 군수가 세상을 떴다. 이때 부인은 소첩에게 아들이 있는데 적서(嫡庶)를 따지니 장차 어디다 쓰겠습니까? 소첩이 자결하여 미봉(彌縫)한다면 적서의 구별을 알 수 없을 것이니 불쌍이 여겨 지하에서 한을 품지 않게 하옵소서. 하니 좋은 도리로 흔적 없게 할 것이니 자결하지 말라고 적자손(嫡子孫)들이 만류했다. 하지만 부인은 여러분의 뜻은 감사하나 죽는 것만 못합니다. 하고 자결하였다. 그리하여 합장하고 비석에도 기록하지 않았다. 그 후 적자(嫡子) 형제들이 친형제처럼 적서(嫡

庶) 구별을 감추었다는 이야기이다.

연인(戀人) 인테리어

용모나 몸매에 끌리기 쉽지만 예쁘지도 않은데 인기 있는 사람도 있다. 어찌하여 잘생긴 나는 인기가 없을까? 아마도 실내디자인이 좋지 않았을 것이다. 침실문(寢室門)이나 창(窓) 위치가 행운의 차이를 가져온다. 행운은 방문(房門)과 창(窓)을 통해서 들어온다. 연인(戀人)으로 삼고 싶은 여성상은 첫째 우아, 상냥, 착하고, 둘째 신뢰, 융합, 화합, 셋째 예쁘고, 명랑, 쾌활, 넷째 귀엽고, 센스, 화제가 풍부한 여성상이다.

멋진 남성과 교제하려면 남성이 좋아하는 여성이 되도록 노력하자. 이에 매력 있는지 없는지는 실내디자인의 정기가 귀중한 포인트다. 연인(戀人)으로 삼고 싶은 여성운을 부를 수 있는 디자인으로 해야 매력 있는 여성이 된다. 착하고, 우아, 상냥함은 남동(南東)의 방문(房門)이나 창(窓)으로 들어온다. 신뢰, 융합, 화합은 북(北)의 방문(房門)이나 창(窓)으로 들어오며, 예쁘고, 명랑, 쾌활은 남(南)의 방문(房門)이나 창(窓)으로 들어온다. 그리고 귀엽고, 센스, 화제가 풍부함은 서(西) 방문(房門)이나 창(窓)으로 들어온다.

연인운(戀人運) 실내디자인

서벽(西壁)에 붙은 침대면 남동(南東)에 큰 공간이 생긴다. 서벽(西壁)에 그림을 걸고, 서(西)의 귀엽고, 센스, 화제가 풍부함은 잠자는 사이에 흠뻑 젖는다.

(1) 서문(西門)이나 창(窓)이 없으면 서(西)쪽에 붙여서 자거나 벽에 풍경화를 걸어둔다. 서양도시 옛 도읍지의 그림이나 사진이 길(吉)하다.
(2) 남문(南門)이나 창(窓)이 없으면 식물이나 텔레비전, 오디오를 두고, 작은 테이블을 놓고, 의자에 인형을 앉혀놓거나 바다 그림이나 여름 풍경화를 걸어두면 길(吉)하다.
(3) 북(北)에 출입구가 없으면 침대를 북에 붙여 잠자고, 책상이나 옷장, 화장대 등 자주 사용하는 가구를 배치하며, 가구는 흰색을 기본으로 한다. 그리고 벽에는 달력이나 일정표를 걸

어둔다.

(4) 창(窓)이 없는 방(房)은 어두워 남동기(南東氣)가 약하면 플로어스탠드를 젊은 여자, 착하고, 우아하고, 상냥인 남동(南東)에 둔다.

(5) 서(西)쪽 방(房) : 타락, 나태, 다변, 유홍, 연애, 환락인 서(西)쪽 햇살이 강하게 드는 방(房)은 커튼, 블라인드로 차광하지 않으면 남성의 놀림감이 된다.

(6) 남동(南東) : 젊은 여자, 착하고, 우아, 상냥, 교제, 결혼인 남동(南東)에는 화장품, 향수, 꽃장식을 두거나 마음에 드는 옷을 걸어도 길(吉)하다. 에어컨도 바람인 남동(南東) 기운이 방으로 들어오게 하는 데 길(吉)하다. 침대는 남동(南東)에 붙이고, 동창(東窓)이나 남창(南窓)이 있으면 창(窓)쪽으로 머리를 두고 잔다. 커튼은 꽃무늬 베이지, 크림색으로 한다. 회색이나 검정 줄무늬는 흉(凶)하다.

참고로 방 가운데 도료를 칠하지 않은 나무테이블과 나뭇결이 고운 나무의자 두 개, 전화, 잡지를 두어 방을 여유 있게 꾸미면 눈앞에 당장 연인이 나타난다. 또한 전화기는 동(東)에, 남동(南東)에 에어컨 아래 두고, 여름풍경 사진이 행운을 부른다. 문(門)이나 창(窓)이 없는 곳을 장식으로 보완하기 위해서 침대(寢臺)의 중심에서 살펴본다.

제30장.

물명당 水明堂
풍수이야기

숙종 대왕은 갈처사를 혼찌검 내려고 언덕 위의 오막사리로 올라갔다.

"이리 오너라. 이리 오너라."

"뉘시오?"

눈을 비벼 눈곱을 떼면서 문 열고 앉아서 쳐다보지도 않는 꾀죄죄한 노인에게 숙종이 말했다.

"한양 사는 이 아무개인데 그대가 갈처사이신가?"

"그렇소. 내가 갈씨(葛氏)오만. 무슨 연유이오?"

"그대가 개울가에 묘를 쓰라고 하였소?"

"그렇소마는?"

"물이 솟아나오는 곳에 묘를 쓰라니 말도 안 되는 그런 엉터리가 어디 있소? 그러고도 당신이 명사(明師)라 말할 수 있소?"

"아니, 이 양반아! 개코도 모르고 웬 참견이야? 당신이 저기가 얼마나 좋은 명당인 줄 알기나 하슈?"

"저기가 어떻게 명당이란 말이오? 말도 되지 않는 소리로 남에게 해를 끼친다 말이오?"

"왠 시비가 이다지도 심하담! 이 양반아, 저기는 시체가 들어가기도 전에 쌀 300가마를 받고 명당을 구하게 되는 자리야. 시체가 들어가기도 전에 발복하는 자린데 물이 나오면 어떻고 불이 나오면 어떠냐? 개코도 모르면 가서 잠이나 자지 낮잠을 깨우냐?"

이렇게 노인은 버럭 고함을 질렀다고 한다. 물 명당 이야기이다.

재물운(財物運) 인테리어

재물운(財物運)을 불러오기 위하여 젊은 남자, 건강, 배움, 부지런, 발전, 정보인 동(東)에 텔레비전, 오디오를 둔다. 동(東)에 아침 햇살이 드는 창(窓)이 있으면 길(吉)하고, 창(窓)이 없으면 벽에 시계를 걸고 오디오, 스피커를 달면 길(吉)하다.

(1) 서(西) : 저장, 결실, 풍요, 금전인 서(西)에 장식장을 두고, 고급스런 찻잔, 금속품, 그림으로 꾸미고, 조명은 스포트라이트로 비춘다.

(2) 남창(南窓) : 처단, 발전, 명랑, 집중력, 명성, 영감인 남창(南窓)은 그다지 크지 않아야 길(吉)하다. 남창(南窓) 양쪽에 극양을 조화시키는 열대성 분재를 두고, 창(窓)이 없으면 여름

풍경화를 건다.

(3) 북(北) : 신뢰, 안정, 감춘 돈, 창의, 융화인 북(北)에는 금고를 두고, 조금 어둡게 한다. 통장, 주식, 보석 등의 재산을 큼직한 내연성 금고에 넣는다. 금고의 외관은 목재 수납가구처럼 보이게 하고, 금고 위에 텔레비전이나 책을 두지 않는다.

(4) 북동(北東) : 지혜, 희망, 시작, 창조, 변화, 상속, 산인 북동(北東)에 창(窓)이 있으면 덧문을 닫고, 흰색이나 옅은 베이지색 커튼을 항상 쳐둔다. 그리고 귀문인 북동벽(北東壁)에 책상이나 수납가구를 두는데 먼지투성이가 되지 않도록 해야 한다.

(5) 북서(北西) : 조력, 출세, 승부, 권위인 북서(北西)에 품위 있는 큰 나무책상을 두며, 의자 옆에 큰 거울을 걸어둔다. 북서(北西)에 책상(冊床)이 없으면 화장대를 두고, 스탠드나 벽에 붙이는 조명기구를 단다.

(6) 남동(南東) : 부자, 젊은 여자, 우아, 상냥, 교제인 남동(南東)은 보조탁자에 전화, 컴퓨터를 두며, 의자를 놓고, 테이블에 꽃을 장식한다. 남동(南東)에 방문(房門)이 있으면 길(吉)하다. 에어컨, 선풍기 바람은 남동(南東)에서 불게 하고, 이부자리는 매일 말리고, 깨끗하게 세탁한 잠옷을 입어라.

(7) 남서(南西) : 땅, 대지, 노력, 원만, 인내, 현모양처인 남서(南西)에 창(窓)이 없어야 길(吉)하다. 창(窓)이 있으면 검은색이나 짙은 회색 커튼을 단다.

(8) 서(西) : 서(西)에 옷장이나 벽장을 두고, 동(東)쪽으로 문(門)

을 낸다. 이렇듯 디자인으로 조화시키면 돈복이 따른다. 재물(財物)은 침실(寢室)의 중앙에서 본다. 8방위가 모두 실내장식과 궁합이 잘 맞으면 재물운이 상승한다.

(9) 침실(寢室)은 8평 정도로 넓어야 행운을 부르며, 이불이나 침대는 방의 중앙에 두고, 가운데서 잠을 자고, 이불은 바닥에 표시해두고 정확히 같은 장소에서 자야 길(吉)하다. 실내장식의 위치는 침대나 이부자리에서 봐서 위치를 정한다.

(10) 마룻바닥 : 줄참나무나 너도밤나무로 한다.

(11) 침대 밑 : 중앙 침대 밑에 베이지, 암갈색, 녹색 깔개를 깐다.

(12) 취침시간 : 저녁 9시까지 목욕을 마치고 밤 11시까지 잠자리에 들도록 한다. 자시(子時)가 넘으면 잠들기 힘들다. 부부는 제각각 행운을 부르는 방위에서 잠을 잔다. 다운라이트는 팔방위로 중앙 조명을 둘러싸며, 회반죽 칠한 벽에는 천 벽지를 바르고, 두껍고 뻣뻣하지 않은 구름 모양의 벽지가 길(吉)하다. 그리고 베이지색은 음양 중간이라 다른 색깔에 따라 변한다. 천장은 2.8미터 높이로 바닥과 평행되게 한다.

제31장.

금주산 金珠山
풍수이야기

경기도(京畿道) 포천군 영중면(永中面) 금주산(金珠山)은 비단에 구슬을 수놓은 것처럼 명당이 줄줄이 결혈된 곳이다. 산은 우리의 조상이요, 뿌리다. 전통과 뿌리를 알려면 산을 알아야 한다. 유명한 사찰이 있는지, 명칭의 뜻이 무엇인지, 어떻게 변했는지 따져보는 것은 당연하다. 수려한 명당이 여기저기에 결혈되어 장관을 이룬 곳이 금주산(金珠山)이다. 싸리골이란 마을의 명칭은 서리골이다. 서리골은 서릴 반(盤)이었던 것이 서리골에서 사릿골로, 사릿골에서 싸릿골로 되었다. 쌀이 많이 나서 싸릿골이라고 하나 틀린 말이다. 반룡(盤龍)의 서릴 반이 변한 것이다.

권태기(倦怠期) 인테리어

권태기는 아내의 사랑이 식어서 일어나는 경우도 많다. 부부 위기를 슬기롭게 넘길 수 있는 디자인을 연구하자. 별 의미 없는 말로 헤어지자고 했다가 돌이킬 수 없게 된 부부도 있다. 십여 년 전에는 대개 남편이 원인이었다. 현 시대는 그 반대가 된 시대이다. 인연은 3년마다 변한다. 어떤 부부라도 한두 번은 위험한 고비를 맞는다.

밤(夜) 부부생활을 위한 실내디자인

부부의 침실(寢室)은 여성의 다변, 난폭, 이별 방위인 남(南)과 신뢰, 안정, 남자의 사랑, 자만, 교활 방위인 북(北)의 장식에 주의한다. 신뢰, 안정, 남자의 사랑, 자만, 교활 방위인 북(北)에 불 기운을 두지 않는다. 재떨이나 라이터도 금물이다. 북(北)에 큰 창(窓)이 있으면 몸도 마음도 외롭다. 장식은 안정감 있는 색으로 하며, 화려한 색은 사용하지 않는다. 북(北)은 남녀가 친밀하게 비밀스런 애정을 나누는 정기(精氣)다. 남녀의 섹스도 북(北)과 깊은 관계가 있다. 이에 풍경화나 관상수를 두고, 키 큰 스탠드 한 쌍을 두면 길(吉)하다.

침대(寢臺)는 북향(北向)으로 하고, 옆에 하얀 꽃을 두고, 머리맡에 바다 그림을 걸면 길(吉)하다. 남(南)은 서로가 격렬하게 구애하는 정기(精氣)가 숨어있다. 남(南)에 수극화(水克火)하는 물기를 두면 이별하기 쉽다. 수조, 어항, 꽃병, 소리 나는 것도 흉(凶)하다.

부부 대화(對話)를 위한 실내디자인

식사하면서 대화시간을 자주 갖도록 노력하자. 이야기하기 어색하면 요리를 준비하면서 대화의 실마리를 만들자. 부부의 위험신호는 대화 없는 데서 시작된다. 극양, 독선, 난폭, 이별인 남(南)에 관상수 한 쌍을 두면 두 사람 사이의 팽팽했던 긴장감이 부드러워진다. 레인지 오븐은 테이블에서 손에 닿지 않는 곳에 두고, 가까운 곳에 관상수를 두고, 텔레비전은 모두가 보기 쉬운 동(東)에 둔다. 조력, 출세, 승부, 권위 방위인 북서(北西)는 남편을 나타내는 방위이다. 북서(北西) 수납장, 책장에 남편이 사용하는 것을 두고, 슬리퍼, 식탁, 매트, 소품은 화려한 원색을 하지 않는다.

제32장.

고불 인침정 古佛 印沈亭 풍수이야기

　정승이 온다는 기별에 현감이 먼저 나와서 모시려고 기다리고 있었다. 불볕더위가 쨍쨍 내려 쪼이는 한여름 대낮이니 온몸에 땀이 흐르고 숨이 차올라 헉헉대며 고생이 말이 아니었다. 개미새끼 한 마리도 얼씬하지 않는 한여름 정자에서 정승을 기다리고 기다려도 오시지 않았다. 그런데 늙고 허름한 노인이 멀리서 소를 타고 이쪽으로 오고 있었다. 오시라는 정승은 아니 오시고 소를 탄 노인이 가까이 오므로 속이 상해서 현감이 소리쳤다.

　"지금이 어느 때라고 함부로 느그적거리며 지나가느냐? 혼찌검이 날 터이니 어서 빨리 비키라. 치도곤을 맞지 않으려면 빨리 옆으로 물러나라!"

　"내 소를 타고 가는데 잘못이라도 되나? 그러나 정승께서 오신다니 무례를 범한 것만 같구려. 나이가 많이 들어 노망이 들었으니 용서하시오."

태연자약하게 소를 몰고 가던 노인이 도열해 있던 마지막 관속에게 말했다.

"나중에 내가 온양 사는 고불(古佛)이라고 전해주게."

한여름 무더위에 지친 관속은 듣는 둥 마는 둥 하였다. 아무리 기다려도 정승나리 행차가 보이지 않아 짜증이 날 즈음이었다. 관속은 기다리다 지친 현감에게 다가와서 아뢨다.

"한참 전에 지나간 영감님이 자신이 온양 사는 고불(古佛)이라 전하라 했습니다."

그러자 현감은 "어이쿠! 이거 큰일 났구나!" 하고는 안색이 까맣게 죽는다. 후닥닥 자리를 박차고 일어나 말을 타고 뒤쫓아 가려고 일어서는데 귀중한 관인(官印)이 떨어져서 연못에 빠져 버렸다 하여 '인침정(印沈亭)'이라 부른다. 일국의 정승이 소 타고 허름한 차림으로 지나가니 누가 알아볼 수 있겠나. 무례를 저질렀으니 목이 달아날 판이다. 고불(古佛)은 맹사성의 호다.

다정한 여생(多情한 餘生) 인테리어

나이가 든 부부는 마음이 편하게 이야기 나눌 공간이 필요하다. 희망과 소망을 부르기 위해서 전체적으로 균형이 맞는 집이라야 한다. 오랜 동안 고락을 함께하며 살아온 남편과는 더욱 사이좋게 사는 게 인생의 마지막 소원일 것이다. 또 자식의 짐 되어 사는 사람도 있으며, 취미생활을 즐기며 사는 사람, 외롭게 혼자서 집을 지키며

힘들게 사는 사람, 열심히 일하면서 사는 사람도 있다. 자식이 성장해서 시집이나 장가 들어서 제각기 살게 된 후에 어떻게 살아야 행복한 노후생활이 될까?

대화공간(對話空間) 실내디자인

나이가 들면 책상 위나 근처에 꽃이나 관상수를 두자. 장식은 베이지색이 길(吉)하며, 침실(寢室)에 남편책상, 부인책상을 둔다. 남편책상(男便冊床)은 젊음, 건강, 부지런, 정보 방위인 동(東)에 둔다. 침실에 연결된 마루에 책상과 의자를 두고, 정원을 바라보면서 이야기하는 공간이 있으면 아주 길(吉)하다. 부부가 여유 있게 대화할 수 있는 장소를 만들어라.

제33장.

흑두타 黑頭陀
풍수이야기

　고려말(高麗末) 이성계는 증조부 때 전북 금마에서 전주감사의 도움을 받아 강원도 삼척을 거쳐서 함경북도 학성으로 이주하였다. 수많은 닭이 꼬끼오하고 울어대고, 수많은 집에서 다듬이 소리가 들렸고, 쓰러져 가는 집에 들어가 3개의 서까래를 짊어지고 나오는데, 꽃잎이 수없이 떨어지고, 거울이 땅에 떨어지는 이상한 꿈을 꾸었다. 길몽(吉夢) 같기도 하고, 흉몽(凶夢) 같기도 하였다. 그리하여 꿈풀이를 부탁하였다.

　"여자의 좁은 소견으로 어찌 대장부의 꿈 풀이를 함부로 하겠습니까? 설봉산 토굴 속에서 오랫동안 기거하는 도통한 스님이 계십니다. 얼굴이 검어서 흑두타(黑頭陀)라고 부르는 스님인데 솔잎을 먹고 칡옷을 입고 십여 년 동안 수행하시는 스님이십니다. 스님께 해몽을 부탁드림이 좋을 듯합니다."

　이에 설봉산 토굴로 흑두타를 찾아갔다. 웬 사람이 스님께 문의

하던 중 문(聞)자를 써서 흑두타(黑頭陀)에게 보내니 "대문 안에 작은 구멍이 있으니 첩첩산중일세. 고생이 많겠다." 하였다. 이성계(李成桂)도 역시 앞 사람과 같이 문(聞)자를 써서 보였다. 이쪽으로 봐도 군(君)이요, 저쪽으로 봐도 군(君)이니 틀림없이 왕이로다. 그래서 꿈 풀이를 부탁하였다. 수많은 닭이 꼬끼오하고 울어대고, 수많은 집에서 다듬이 소리가 들렸고, 쓰러져 가는 집에 들어가 3개의 서까래를 짊어지고 나오는데 꽃잎이 수없이 떨어지고, 거울이 땅에 떨어지는 꿈 이야기를 하였다.

"과연 임금이 되실 분이십니다. 꼬끼오는 고귀위(高貴位), 다듬이 방망이 소리는 어근당(御近當)이요, 꽃잎이 떨어지면 열매를 맺음이요, 거울이 땅에 떨어지면 소리가 날 것이니 온 세상이 깜짝 놀랄 일이 생김이요, 서까래 3개를 짊어짐은 왕(王)을 뜻함이라. 오늘 일은 절대로 발설하지 마십시오. 큰일은 쉽게 이루어지지 않습니다. 이곳 석왕사(釋王寺)에서 서두르지 말고 3년에 500성인(五百聖人)을 모셔 500제를 올리십시오."

이성계(李成桂)는 많은 가르침과 도와주기를 진심으로 청하고 물러났다는 흑두타(黑頭陀) 이야기다.

갱년기(更年期) 인테리어

갱년기 장애를 치료하거나 무사히 넘기려면 실내디자인의 힘이 가장 효과적이다. 부작용이 없고, 살기만 하여도 갱년기 장애가 저절로 호전된다. 여성이면 누구나 겪게 되는 갱년기다. 개인의 차이는 있지만 갱년기 장애는 한두 가지가 아니다.

남북도로(南北道路) 실내디자인

집의 남(南), 북(北) 이웃집을 포함한 주위환경이 갱년기에 영향을 준다. 갱년기 장애가 심한 사람의 집은 커다란 결점이 있다. 극양(極陽)인 다변, 화려, 쾌활, 집중력, 명성, 영감, 이별인 남(南)이나 극음(極陰)인 신뢰, 안정, 남녀 사랑, 융화인 북(北)에 도로 있는 집이 가장 흉(凶)하다. 들어오는 행운은 현관의 불균형이 흉(凶)한 영향을 준다. 현관을 통해 행운을 운반한다. 남(南)이나 북(北)에 개천에서 악취가 나면 흉(凶)하다. 이 때문에 남(南)과 북(北)의 정기(精氣)가 흉해서 갱년기 장애가 심하거나 길어지는 원인이 된다.

극음(極陰)인 북(北) 도로에 면한 정북현관(正北玄關)과 극양(極陽)인 남(南) 도로에 면한 정남현관(正南玄關)은 극양과 극음의 상충으로 들어오는 정기(精氣)가 너무 강해서 길(吉)하게 작용할 수 없다. 너무 강하거나 약해서 신체나 정신이 감당할 수 없다. 옆집 사이나 정원, 팬션, 아파트면 베란다 통로, 도로 등등이 어떻게 되어 있는지 살펴보자. 더럽거나 배수구가 막히거나 물이 고이거나 잡초가 우거지고 벽 난간이 허물어지면 청소하고 수리를 해야 한다.

갱년기 장애로 고생하면 집의 쾌활, 집중력, 독선, 명성, 미모, 영감, 난폭인 남(南)과 신뢰, 안정, 남녀 사랑, 융화, 자만, 교활인 북(北)을 살펴보아야 한다. 집 안도 극양인 남(南)과 극음인 북(北)에 있는 방(房)들을 체크한다. 쾌활, 집중력, 독선, 명성, 미모, 영감, 난폭인 남방(南房)은 가능한 밝게 하고, 창(窓) 앞에 가구가 놓여 있으면 치운다. 신뢰, 안정, 남녀 사랑, 융화, 자만, 교활인 북방(北房)은 통풍에 신경 쓰고, 따뜻한 색과 부드러운 느낌이 드는 장식을 한다. 난방기를 정북(正北)에 두지 않는다. 그리고 거실 디자인을 다음과 같이 여유 있게 쉴 수 있도록 만들어라.

(1) 중앙은 정기(精氣)가 균형 있게 흡수되어 몰라보게 편하다. 방(房) 가운데 앉아야 길(吉)하다. 소리, 배움, 부지런, 정보인 동(東)에 TV, 오디오, 책상을 둔다.

(2) 유흥, 환락, 편안, 저장, 결실, 금전, 편안함, 고요인 서(西)에 수납책상, 서랍장, 꽃, 관상수를 두며, 쾌활, 집중력, 독선, 미모, 난폭인 남(南)에 책상, 스탠드를 둔다.

(3) 신뢰, 안정, 남녀 사랑, 융화, 교활인 북(北)의 찬장, 식기, 술병, 술잔, 유리문은 말끔히 닦고, 젊음, 건강, 정보, 소리인 동(東)에 책장, 책상, TV, 오디오를 두고, 시계나 해 그림을 걸어도 길(吉)하다.

(4) 다변, 쾌활, 독선, 난폭, 이별인 남(南)에 사진이나 넓은 바다 그림, 남극, 포스터, 스탠드, 전화가 길(吉)하다.

⑸ 생식기, 신뢰, 안정, 남녀 사랑, 융화인 북(北)에 식기 찬장이 가장 길(吉)하며, 물 그림을 걸어두자.

제34장.

개천명 改天命
풍수이야기

　남녀가 다르고 사람, 동물이 다르고 식물이 다르고 생물, 무생물이 다르고 지구, 우주가 다르다. 그러나 모든 것은 다른 눈으로 보면 무생물이든 생물이든 간에 원자로 이루어져 있다. 어떤 원자든 중심핵과 주위를 도는 전자로 이루어져 있지 않은 것은 없다, 크게 보면 태양은 중심핵이요, 주위를 돌고 있는 수성, 금성, 지구, 화성, 목성, 토성 등은 핵 주위를 돌고 있는 전자와 무엇이 다른가!

　내가 너이고 네가 나이다. 우주 자연은 하나로 엉켜 돌아가는 유기체다. 웅장하고 거대한 한 그루의 나무가 줄기와 가지와 잎이 제가끔 다르게 보이지만 땅속에 묻혀서 보이지 않는 뿌리가 하나이듯이 천지인 우주 자연이 각각 별개같이 보이지만 자연 도법으로 보면 한 몸과 같다. 혈심에 시신을 묻으면 자연히 땅의 정기에 영향을 미치니 비가 내리지 않는다. 비가 내리지 않기도 하고, 겨울에 번개

치고, 우레 소리가 나고, 삼복더위에 우박이 내리거나 서리가 내리고, 지각변동으로 지진이 생기기도 하고, 땅속에서 불줄기가 뿜어 올라오기도 한다. 이런 현상은 천(天), 지(地), 인(人)이 하나라는 자연 이치로 운행되어 돌고 도는 생(生), 욕(浴), 대(帶), 록(祿), 왕(旺), 쇠(衰), 병(病), 사(死), 묘(墓), 절(絕), 태(胎), 양(養)의 회생 순환하는 자연 이치다.

천(天), 지(地), 인(人)의 자연 도법을 거역하여 신성한 천지의 순환 운행하는 조화를 깨트릴 수 있는 탈신공(奪神功) 개천명(改天命)하는 일부분의 결과다. 인간의 부귀영화, 장생빈천, 요절은 선천명(先天命)에 달렸다고 한다. 자연이 준 선천명(先天命)을 타고났으면 선천명(先天命)대로 살 수밖에 없다. 임금의 팔자로 태어났으면 임금으로 살다 가야 하고, 거지 팔자로 태어났으면 거지로 살다 가야 한다. 그러나 조선(朝鮮)의 태조 이성계(李成桂), 고종(高宗), 진시황제(秦始皇帝), 고려(高麗) 혜종(惠宗) 등은 조상의 왕후지지인 대길지에 모시고, 명당 발복으로 나랏님에 등극하는 탈신공(奪神功) 개천명(改天命)하였다. 우주만물이 한 몸이라는 큰 도리를 깨달으면 자비심으로 옳은 생각으로 행동하게 된다. 내 몸에 상처 주면 아프다는 것을 깨달으면 천(天), 지(地), 인(人) 삼자가 하나이니 공명정대하고 평등한 세상을 이룰 것이다.

노후자금(老後資金) 인테리어

노후(老後)에 불안하고 불만스럽게 나날을 보내며 살기는 초라하고 애처롭다. 노후(老後)에 돈 걱정 없도록 대책이 필요하다. 가족에게 공헌할 수 없게 된 노후에도 가족에게 골칫거리가 되지 않게 살기를 원한다. 대접받기 위해서는 누구나 돈이 필요하다. 아들, 며느리, 주위 사람, 손자들은 돈이 없으면 함부로 대하고 돌아보지도 않는 게 현실이다.

노후수입(老後收入) 실내디자인

경영자나 점포의 책임자처럼 일정한 수입이 있어야 대접을 받을 수 있다. 사람은 누구나 대접받고 살기를 원한다. 노후에 확실한 수입이 있으면 생활도 안정되고 주위 사람에게 대접받고 신뢰받을 수 있다. 경제력이 있어야 사람이나 자손에게도 대접받을 수 있으며, 나이가 들어 돈 없으면 초라하고 추하여 죽고 싶은 심정을 누가 알아주겠는가!

고부(姑婦)갈등 실내디자인

자손에게 싫은 표정 없이 용돈을 듬뿍 받아쓰고 싶으면 고부갈등을 없게 실내디자인을 하여야 한다. 아들딸에게 싫은 소리 듣지 않고 용돈 받을 수 있는 복 있는 노인이 되려면 행운을 부르는 디자인으로 꾸며야 한다. 젊어서 노후를 위해 예금해두어야 주위 사람이나 자손에게 대접받을 수 있다. 노후에도 넉넉하게 생활할 수 있을 만큼의 저축을 계획적으로 준비해야 한다. 자손을 위해 신에게 기도하며 인격자로 훌륭한 말년을 장식한다는 마음가짐을 가져야 하며, 젊다면 풍족한 생활을 목표로 디자인을 이용해야 한다. 나이 든 사람도 아직 할 수 있으면 마음 단단히 먹고 조금이라도 빨리 행운을 부르는 디자인을 해야 한다. 행운을 부르는 디자인으로 꾸미면 노후에 돈 걱정이 없다.

제35장.

자미원紫微垣
풍수이야기

　산(山), 땅(地), 물(水)의 정기를 이어받은 명당을 두루 보았지만 어느 것과 비교할 수 없는 전설의 명당터가 하나 있다. 서산과 예산의 경계를 이루는 가야산을 중심으로 어디에 있다는 신비의 자미원국! 천하제일의 명당자리! 지구가 처음 생겨날 때부터 이미 정해졌다는 천하제일의 명당이 차령 산맥 줄기에 있다는 것이다. 지상 고처에 대간용 큰 산맥이 흘러가서 크고 작은 혈을 맺는다. 차령 산맥은 태백산에서 발원하여 속리산, 성계산을 거쳐서 보령군과 청양군의 경계인 배골산에서 북쪽으로 떨어지며, 홍성을 거쳐서 예산의 덕숭산, 가야산을 이룬다.

　별자리처럼 구성의 뾰족이 일어난 대파구성이 출현한다. 삼태국의 세 봉우리가 일어나서 중심에 여섯 봉우리가 연이어 내려오다가 좌보성이 출현한다. 하늘아래 땅에서 제일 귀하게 여기는 화진 삼성이라는 산봉이 떨어진다. 이는 가야산 내포에 떨어졌다고 전해지고 있다. 상서로운 땅이란 지명이 예사롭지 않은 충남 서산! 21세기 서해안 시대의 개막과 함께 하루하루가 다르게 발전하는 곳이다. 최근 중국의 명사가 심심찮게 모여들어 길지를 찾아 이곳을 헤맨다는 천하에서 제일가는 명당은 과연 어디에 있을까? 자미원은 옛날 200여 년 전부터 중국에서 자미원의 비결인 천통일원지에 기록하여 전해 왔으며, 당나라를 창건할 즈음 태사였던 사람의 기록이다.

지구 전체에서 가장 큰 명당이 지구가 생길 때 양택이 두 개고, 이보다 더 큰 음택이 한 개 있다. 양택 두 개는 지구의 지붕인 히말라야 산맥 서쪽에 로마교황청이 자미원이다. 천하의 영웅인 나폴레옹도 로마교황 앞에 무릎을 꿇고 황제의 관을 하사받은 곳이기도 하다. 좌측은 중국의 자금성 자리를 또한 자미원이라 한다. 두 개의 양택보다 더 큰 음택의 자미원은 서산의 내포 어디에 있다. 소응 발복은 70억 인구를 통치할 위대한 제왕이 나온다는 명당이다. 앞으로 한반도에서 제왕이 나와 전 세계 인류를 다스린다. 신비한 자미원국! 믿든 믿지 않든 천하의 제일가는 명당! 그 명당자리가 한반도에 있다니 호기심이 생기지 않을 수 없다. 일제시대에 풍수를 무자비하게 탄압하여 민족의 정기를 끊으려 할 만큼 풍수는 우리의 정신이요, 신앙이요, 삶 자체였다.

노후이혼(老後離婚) 인테리어

헤어지는 방법에 따라 새로이 전개되는 인생도 크게 변한다. 헤어지지 못해 안달하는 사람은 고민할 것이 아니라 이별하는 디자인으로 바꾸어라. 독립할 기회가 찾아왔는데 행운을 외면하는 것은 부질없는 짓이다. 젊어서부터 쌓아올린 모든 것을 버리고 새로운 인생을 위해 쓰레기 처리하듯 하는 사람도 있다. 행복을 위해서 이혼할 수도 있다고 생각하는 사람이 점점 늘어나고 있다. 진정으로 헤어질 수 있다면 아무것도 필요 없다.

남문서창(南門西窓) 실내디자인

(1) 남(南)은 발전, 화려, 독선, 미모, 이별의 정기(精氣)가 있다. 서(西)는 결실, 풍요, 즐거움, 승부, 금전문제 해결에 힘을 도와주는 방위다. 침실(寢室)은 남문(南門), 석양이 드는 서창(西窓)이 있는 방(房)으로 옮겨라.

(2) 남(南)은 발전, 화려, 독선, 미모, 이별의 능력이나 실력을 확고히 만들어주는 방위다. 침대는 남(南)에 붙여 남침(南寢)을 한다.

(3) 북동(北東)은 지혜, 희망, 창조, 변화, 부동산, 새로 출발하는 정기(精氣)가 있다. 장식은 유흥, 연애인 빨간색이나 사랑인 노란색 등 화려한 색으로 한다. 신경에 거슬릴 정도로 화려한 빨강, 노란색으로 하면 이혼이 빨라진다. 벽에도 마음 설

레는 사랑의 원색, 적색, 황금색 그림을 걸고, 남편과 추억이 담긴 물건이나 사진은 치운다.

(4) 소리 나는 TV나 오디오는 유흥, 대화, 금전, 환락인 서창(西窓)에 두면 부부사랑이 아닌 밖에서 연애하게 된다. 화장대(化粧臺)는 부자, 젊음, 우아, 상냥, 결혼인 남동(南東)에 두면 젊음과 용기가 생긴다. 침대 머리맡의 나이트 테이블에 어항이나 큰 물주전자를 당신과 남편 양쪽에 두면 이별이 빨라진다.

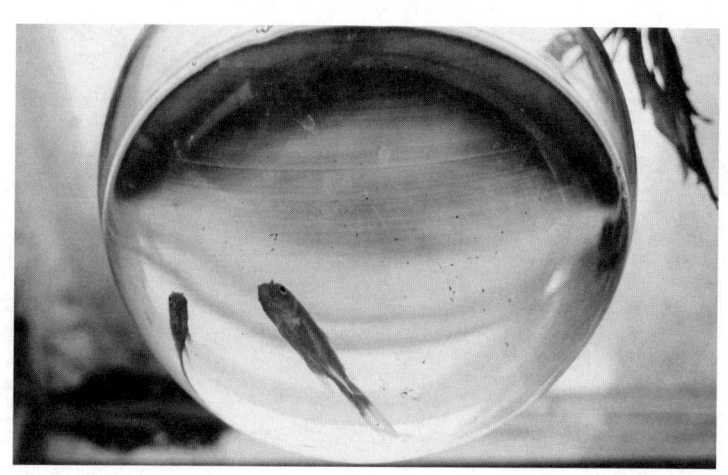

제36장.
금수강산 錦繡江山 풍수이야기

　사람이 쉽게 접할 수 없는 곳이 높은 산이다. 하느님이 내려와 사는 산은 높고 신성한 곳이다. 옛 사람들은 이렇게 생각했다. 그래서 하늘과 산을 신성시 하여 자연숭배 사상이 저절로 생기게 된 것이다. 한반도는 천지조화를 갖춘 수려하고 단정한 아름다운 산으로 어느 나라보다 산천 정기가 충만하다. 우리가 흔히 '삼천리금수강산(三千里錦繡江山)'이라고 하는 말이 사실이다.

　땅의 정기가 어느 곳보다 왕성하게 살아있는 땅에 우리가 살고 있다는 것을 알아야 한다. 우리가 살고 있는 이 땅은 삶의 터전인 부모다. 부모를 모름은 뿌리를 모름과 같이 산을 모르면 근본을 알지 못함이다. 백두산, 묘향산, 금강산, 지리산, 삼각산은 오악(五岳)이고, 장백산, 구월산, 오대산, 백악산, 속리산은 오진(五鎭)으로 조선대에 산신에게 산제를 지낸 곳이다. 금강산, 지리산, 한라산은 신라의 삼신산(三神山)이고, 비백산, 송악산, 지리산, 삼각산은 고려의 사각산이고, 치악산, 죽령산, 주흘산, 금성산, 한라산, 오관산, 마니산, 감악산, 백두산에서 제사를 지냈다. 산은 신기하고, 오묘하고, 무궁무진한 신령스러운 곳이기 때문에 종합적으로 관찰하고 이해하여야 한다.

노후친구(老後朋友) 인테리어

노후를 즐겁게 지낼 수 있는 좋은 친구가 있으면 즐거움이 배가 된다. 집에 친구가 놀러와서 맛있는 차나 과자, 음식을 먹으며 세상 사는 이야기를 나눌 수 있으면 노후 인생의 즐거움이다. 아이가 자라서 시집 장가 들고 직장이나 사업에서 은퇴했을 때 여생을 어떻게 지내는 것이 행복한 인생의 마감일까? 얼마나 즐겁고 행복하게 살다가 편안히 이승을 떠날 수 있을까? 남은 인생을 충실하게 보낼 수 있는 조건이 있다. 첫째 건강, 둘째 부부 사이, 셋째 좋은 친구에 달렸다. 친구가 찾아왔을 때 허물없이 마음을 터놓고 이야기를 나눌 수 있는 분위기가 더없이 중요하다. 좋은 친구를 언제든지 부르면 기꺼이 버선발로 달려오게 하는 디자인을 연구하자.

현관(玄關) 실내디자인

현관(玄關)의 청룡에 신발장이 있으면 그 위에 좋아하는 그림을 걸고, 아니면 정면에 건다. 현관의 청룡은 출세, 조력, 권위를 높이는 정기(精氣)가 있다. 행운을 부르는 중요한 곳은 현관, 응접실, 거실이다. 현관의 신발을 언제나 단정하고 깨끗하게 정리하고, 좋아하는 그림이나 자필 붓글을 걸어두면 길(吉)하다.

제37장.

보덕화상普德和尚 풍수이야기

　　고구려, 백제, 신라 중 국력이 강했던 백제는 불교문화와 예술에 탁월하였으나 사치풍조로 부패하고 외교적으로 실패하여 멸망하게 되었다. 가장 가까이 교류하던 고구려도 불합리한 국가 운영으로 내란이 생겨 패망하게 되었다. 한편 고구려 보장왕은 도교를 선포하니 국론이 양분되었다. 이때 덕망 있던 보덕화상이 있었으니 신라의 원효와 의상도 찾아와서 청법(請法)하였다. 보덕이 도교 홍포를 반대하고 백제로 내려와서 지금의 전주인 완주의 고대산(孤大山)으로 비래방장(飛來方丈; 전라북도 완주군 고대산 경복사에 있던 절로써 원래는 고구려 반룡산 연복사(延福寺)에 있던 것을 보덕(普德)이 고구려 28대 보장왕 9년(650)에 신통력으로 이곳에 날려 보낸 것이라고 한다.)하였다.

　　의자왕(義慈王) 11년에 민중과 불국이상을 구현하기 위하여 신원사에 가람을 세우니 이것이 중악단(中嶽檀) 자리다. 배달민족은 백두영봉에서 천신인 하느님의 정기를 받으니 한반도는 지리적으로 계룡산을 중심으로 사방에 10대 산을 형성함은 계룡산 밑에 지신인 용이 꿈틀대고 있기 때문이다. 계룡산은 토지신이요, 국가와 민족을 재해로부터 구해준다고 하였다. 보덕화상은 계룡의 지신이 민간에게 널리 알려진 부모산인지라 민심을 일신하려 하였다. 계룡은 닭이 회치니 새 생명과 여명을 깨우치고, 용이 비상하니 새로운 시대가 사기 충만한 만민평등 극락정토가 도래한다는 훌륭한 곳이다. 현세 극락과 민족통일이라는 대과제를 해결하려 하였다. 계룡단은 새 시대의 도장으로 신원에 절터를 잡았다.

상속(相續) 인테리어

상속(相續)할 때 자손들의 생각도 중요하지만 부모도 편견에 사로잡혀 분쟁이 생길 위험성이 다분하다. 늙어서 가장 큰 고민거리는 상속이다. 재벌 자녀들이 재산 상속으로 싸우는 모습을 자주 보게 된다. 젊음을 모두 다 바쳐 열심히 땀 흘려 노력하여 벌어서 지켜온 소중한 재산을 가족을 위해서 자손들이 다툼 없이 처리하려면 몇 가지 주의해야 한다.

북동요철(北東凹凸) 실내디자인

상속(相續)의 정기(精氣)는 귀문 방위인 북동(北東)에 있다. 지혜,

시작, 끝, 창조, 변화, 부동산, 상속(相續)인 북동(北東)에 귀빠졌으면 그곳에 2미터 정도 높이의 나무 세 그루를 심는다. 북동(北東)이 나왔으면 북서(北西)와 남동(南東)에 나무를 한 개씩 둔다. 지혜, 시작, 끝, 창조, 변화, 부동산, 상속(相續)인 북동(北東)에 귀빠지거나 반대로 나왔으면 상속에 대한 분규가 생길 확률이 80% 이상이라는 기록이 나와 있다.

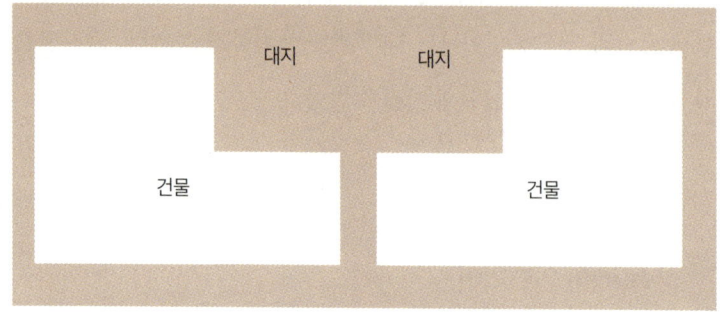

북동(北東) 북서수(北西水) 실내디자인

피상속인 방(房)을 집의 정북(正北)과 정남(正南)을 잇는 선보다 서(西)쪽에 둔다. 상속, 변화, 창조인 북동(北東)과 조력, 출세, 승부, 권위인 북서(北西)에 욕실, 화장실이 있으면 상속분쟁으로 집안이 불행(不幸)하다. 아버지 방위인 북서(北西)에 욕실, 화장실이 있으면 아버지의 권위가 추락되어 자손이 말을 듣지 않아서 상속 분규가 장기간 계속된다.

침실(寢室) 실내디자인

　TV, 시계는 부지런, 소리, 정보, 성장인 동(東)에 둔다. 귀문 방위인 북동(北東)에 흰 꽃을 두어 흉기(凶氣)를 몰아낸다. 상황을 꿰뚫어보는 눈과 시대감각에 뒤떨어지지 않는다. 침대(寢臺)는 결실, 풍요, 깨끗, 즐거움, 편안인 서(西)에 붙여 서침(西寢)한다. 서벽(西壁)에 그림을 걸어두면 편견이 생기지 않는다. 귀문 방위인 북동문(北東門)에 창(窓)이 있으면 덧문도 닫는다. 외부의 쓸데없는 말이나 법률에 흔들이지 않고 가문에 알맞은 상속을 할 수 있다. 실내디자인은 전체를 차분하고 안정되게 통일시킨다. 자녀의 감언에 판단을 그르치지 않는다.

제38장.

산수갑산山水甲山 풍수이야기

　지구의 지붕인 에베레스트산에서 남(南) 북(北)으로 갈라진 산맥 중 북맥은 천산 산맥에서 몽고고원을 거쳐서 천하 무비지 갑산(天下 無比之 甲山)인 백두산(白頭山)에 이르러 지구의 정기가 취기(聚氣) 응결(凝結)된 곳이다. 하늘아래에서 어느 것과도 비교 할 수 없이 위대하고 훌륭하고 고귀한 산이 백두산(白頭山)이다. 포근하고 커다란 산의 품에 안겨 어미의 젖을 먹듯이 산의 정기를 받고 우리는 살아간다. 산맥으로 감싸인 곳에 우리는 모여 산다. 살아 움직이는 지구의 정기가 가장 많은 나라가 한반도다.

　산은 땅의 정기를 생화하는 곳인데 그중에서도 백두산(白頭山)은 지구의 숨통인 정수리로 모든 산의 조종산이다. 대지의 정화수(井華水)는 백두산(白頭山) 천지(天地)의 물이다. 백두산(白頭山) 정상의 물인 천지(天地)가 정화수(井華水)다. 산이 극에 달하면 물이 생김이다. 제주도에 있는 한라산의 백록담은 비 오면 물이 고였다가 가물면 바닥을 드러내지만 백두산(白頭山) 천지(天地)의 물은 항상 철철 넘쳐흐르는 이유를 깊이 관찰하면 천하 무비지 갑산(天下 無比 之 甲山)이라는 것을 깨닫게 될 것이다.

산수갑산(山水甲山)이란 가장 고귀한 곳에 삼신이 있듯이 최고의 봉우리인 백두산(白頭山)에서 압록강, 두만강, 송화강의 삼수(三水)가 생긴 곳이다. 천하 무비지 갑산(天下 無比之 甲山)이 백두산(白頭山)이다. 정기(精氣)가 가장 많이 모인 지구의 숨통으로 어떤 산과도 비교할 수 없는 가장 으뜸 되는 산이 갑산(甲山)으로 백두산(白頭山)이다. 백두산(白頭山)의 정기(精氣)를 받아 수려(秀麗)하게 아름다운 산이 지구상에서 제일 많은 산천 정기를 간직한 곳이 한반도다. 천하 무비지 갑산(天下 無比之 甲山)인 백두산(白頭山)은 배달민족의 정신적인 근본이다.

고부갈등(姑婦葛藤) 인테리어

며느리와 시어머니가 친부모 자식처럼 지내기란 아주 어려운 일이다. 세대 차이와 생활습관이 다르니 애초에 엄연한 타 인사다. 한 지붕 아래 사는 이상 사랑하고 화목한 가정을 이루기 위해서 자신의 뜻만 주장하지 말고 양보하고 배려하며 살아야 한다. 시부모를 잘 모시는 며느리치고 현모양처 아닌 사람은 없다. 시어머니의 익숙하고 능숙한 요리 솜씨에 탄성을 지르기도 하고, 며느리의 우아, 다정다감한 돌봄에 고마워하면서 서로가 참신함을 맛볼 수 있을 것이다. 일하며 주고받는 이야기 속에서 옛 추억이나 남편, 아들을 흉보는 동안에 좋은 사이가 된다.

부엌을 나눠 쓴다고 고부갈등이 해소되는 것은 아니다. 고부 간의 화목의 계기를 만드는 가장 좋은 방법은 부엌에서 오순도순 재미있게 웃으면서 요리함이다. 시부모로 고민하는 주부는 디자인을 이용해 부드럽게 문제를 해결하자. 한 집에 두 세대 주택이 늘고 있다. 며느리와 시어머니 사이가 좋지 않다고 한 집에 부엌을 두 개 만들면 사이가 좋아질 기회가 아주 없어진다.

고부다정(姑婦多情) 실내디자인

환풍기가 기름으로 끈적거리면 구설수에 오르고 며느리와 시어머니 사이에 갈등이 생긴다. 앞치마는 양(陽)의 명랑, 쾌활한 붉은색, 사랑의 노란색이 길(吉)하다. 시어머니 앞치마도 새것으로 장만한다. 레인지나 오븐 옆에 관상수를 두고 항상 깨끗이 한다. 가스렌지가 더러우면 고부 간 싸움의 원인이 된다. 부엌과 식당은 완전히 구별되어야 이상적이다. 식탁에 앉는 위치는? 윗사람 자리는? 신뢰, 안정, 사랑, 융화인 북(北)이나 풍요, 깨끗, 즐거움, 고요, 편안인 서(西)에 앉는다. 젊은 부부는? 젊음, 배움, 부지런함인 동(東)이나 쾌활, 미모, 사교 방위인 남(南)에 앉는 것이 길(吉)하다.

제39장.

대왕래명당 大王來明堂
풍수이야기

숙종이 갈처사에게 고함을 지른다.

"영감님이 그렇게 잘 알면 저 아래 고래등 같은 기와집이 많은데 거기서 호의호식하며 살지 산꼭대기 단칸방에서 이렇게 구차하게 사는가?"

그러자 갈처사는 눈알을 부라리며 대답한다.

"모르면 가만히 있으라니까 멍청한 양반아. 저 밑에 사는 놈들은 말이여, 암만 고래등 같은 기와집에 살아도 아무 소용없어. 여기는 임금님이 찾아올 자리여. 그러니 이보다 더 좋은 명당이 어디 있냐? 수원부에 임금님이 찾아오실 집은 이곳뿐이여!"

이 말에 숙종이 기가 꺾여 점잖게 물었다.

"그렇다면 언제 임금님이 찾아옵니까?"

"꽤나 귀찮은 양반이네. 잠시 기다려보오. 내가 이 집을 지을 때 날 받아 적어놓았는데 어디다 뒀더라?"

그러면서 갈처사가 종이를 찾아 먼지를 툴툴 털어내고 들여다보니 대경질색한다. 그리곤 밖으로 나와 땅에 엎드려 큰절을 올린다.

"상감마마, 소인이 죽을죄를 지었나이다."

그때가 임금님이 찾아올 그날 그 시각이었다.

"갈처사! 괜찮소이다. 아무에게도 절대로 발설하지 마시오."

햇것 동(東) 실내디자인

집의 장식은 살기만 하여도 길흉(吉凶)의 효과가 나타나게 되어 있다. TV 인기 프로그램은 건강과 장수하는 법을 자주 방송한다. 누구나 할 수 있는 식이요법이기 때문이다. 싱싱한 젊음의 정기(精氣)가 들어있는 식물을 요리해서 가족에게 먹이는 것이 주부의 중요한 역할이다. 요리를 아무리 잘해도 조미료나 소금을 넣는 것 이외의 정기(精氣)를 이용하는 방법은 아무도 모를 것이다. 학교에서도 가르쳐주지 않는다.

건강은 잘 먹고 잘 자는 게 기본이다. 잘 먹는다는 것은 좋아하는 음식만 먹으면 된다는 말이 아니다. 호흡과 식사에서 신선한 정기(精氣)를 흡수하는 것이 중요하다. 정기(精氣)는 공기와 햇빛이 식품에 포함되어 있다. 자연의 정기(精氣)를 흡수하기 위해서 숨 쉬고 식사한다. 일년 4계절 언제라도 싱싱한 야채를 구입할 수 있는 좋은 시대다. 젊음, 건강, 부지런, 정보, 발전인 동(東)은 음식을 활성화시키는 정기(精氣)가 있다. 젊음, 건강, 부지런, 정보, 발전인 동(東) 부엌에서 주부가 웃는 얼굴로 음식을 장만한다. 동(東)쪽의 식당에서 웃으면서 즐겁게 식사하는 것이 건강해지는 최상의 방법이다. 햇것을 먹을 때 동(東)쪽을 바라보고 큰 목소리로 세 번 웃어라. 젊음, 건강, 부지런, 정보, 발전인 동(東) 방향, 즐겁고 행복한 큰 웃음소리 이런 것들이 노후(老後)의 건강(健康)과 활력의 원천이 되는 정기(精氣)를 만드는 방법이다.

노망(老妄) 실내디자인

해 뜨면 일어나고 해지면 집에 들어가는 게 자연 이치에 가장 알맞다. 숙면을 좌우하는 것은 해지는 즐거움, 고요, 편안인 서(西)는 육체 영혼까지도 편안히 쉬게 하는 기가 흐르고 있다. 침대(寢臺)는 즐거움, 고요, 편안인 서침(西枕)하여 숙면의 자리로 한다. 두뇌 회전이 빠르거나 머리를 많이 사용할수록 일찍 노망(老妄) 든다. 뇌를 사용한 만큼 쉬게 하는 숙면 원칙을 지키지 않아서 노망(老妄) 들기 쉽다. 편안하고 깊은 잠을 잘 수 없는 사람은 노망 들기 쉽다는 것이다. 정신을 많이 쉼이 노망(老妄) 방지를 위해서 가장 중요하다. 그렇다고 무작정 오랫동안 자는 게 좋은 건 아니다. 숙면을 적당히 취하면 길(吉)하다. 젊음, 건강, 부지런, 정보, 발전인 동(東)에 부엌이 있고, 즐거움, 고요, 편안인 서(西)에 침실(寢室)이 있으면 노망(老妄)과 무관한 건강하고 즐거운 인생을 보낼 수 있다.

제40장.

양반 상놈 풍수이야기

노인이 허름한 옷을 입고 밭을 갈고 있는데 개울 건너 선비가 나타나서 노인에게 소리를 질렀다.

"여보게, 나를 업어서 개울을 건네주게."

그러자 노인이 말했다.

"신과 버선을 벗어들고 건너면 되는데요."

"이봐라! 양반이 어찌 개울물에 발을 적신단 말인가! 어서 와서 업어 건네주게."

"그럽시다."

"오늘 맹 정승께서 오신다기에 뵈러가는 길일세."

"아이구, 허리야! 고불대감께서 늙은이나 부려먹는 당신 같은 선비를 좋아할까 모르겠오."

"에끼! 양반과 상놈은 근본이 다른 법인데 무슨 소린고! 예까지 건네주었으니 기왕에 길 좀 안내하게."

"그럽시다. 거기에 볼일도 있고."

"어서 오십시오, 대감마님!"

"이보시오, 젊은 선비님! 어서 오시지 않고 뭘 하시오?"

"뉘신지요…… 대감마님?"

"냇가에서 만난 친구일세. 이보시오, 선비님! 어서 오르시지 않고 뭘 하시오? 이리 오시오. 내가 바로 맹고불(孟古佛)일세."

"대감마님, 죽을죄를 지었사옵니다."

"어찌 이러십니까? 아까는 그렇게 당당하시더니요. 지조 있는 선비께서 어찌 갑자기 기상이 달라지셨는고?"

"죽여주시오소서, 대감!"

"일어나시게, 양반이 있음은 상것들이 있기 때문이고, 양반이 편함은 그들의 헌신과 고생 때문일세. 진정으로 그들을 위할 줄 모르는 선비라면 어찌 글을 읽었다 할 수 있겠나?"

"황송하옵니다."

"그대가 나를 욕보였으니 그 대신 벌주나 한 잔 하시고 시 한 수 읊어보시게."

"황송하옵니다."

이렇게 극도의 절제가 요구되는 청백리는 문자 그대로 티 없고 맑고 깨끗하니 요즘말로 공명정대한 모범공무원이라 할 수 있다. 청백리(淸白吏) 정신은 역사적으로 고려시대에 선량한 관리에서 비롯되었다. 고려 인종조에도 청백수절자를 사용하였다는 기록이 있어서 청렴결백한 관리에 이어져 내려옴을 알 수 있다. 개념과 제도 명칭이 분명하게 자리 잡음은 조선조이다. 태조 때 안성 등 다섯 명을 비롯하여 순조 때에 이르기까지 수많은 청백리를 뽑았다는 기록이 남아있다. 흔히 청백리가 많은 시대는 국운이 융성한 시기와 일치한다고 하는데 특히 세종 때 15명의 청백리가 배출되었다. 그 와중에서도 황희와 맹사성은 세종조는 물론 조선시대 전체를 통 털어서 가장 대표적인 인물로 부각된다. 그들이 장기간 최고의 재상직을 역임하면서도 나란히 청백리로 뽑힌 이유는 무엇일까? 우선 두 사람의 결코 흔치않은 인연에서 찾아볼 수 있다.

독신녀(獨身女) 인테리어

젊고 건강하고 떳떳하고 활기찰 수 있음은 가상과 디자인에 비결이 있다. 주위의 환경이 인간을 만든다고 하나 인간 생활에서 기반이 됨은 뭐니 뭐니 해도 가장 중요한 것은 집이다. 집은 흉(凶)하게도 길(吉)하게도 만든다. 건물 배치는 체형이나 얼굴 모양에 크게 작용한다. 실내디자인은 정신적인 심리 상태에 크게 영향을 준다. 헤어지고 울고 있던 여성도 시간이 지나면 아픔을 딛고 혼자서 꿋꿋하고 떳떳하게 살아보려고 결심하게 된다. 그렇게 되면 여성은 도저히 상상할 수 없을 정도로 강해진다. 새로운 일과 취미가 생기면 남편과 함께 지내던 때보다 훨씬 상냥, 우아, 쾌활, 생기 있고, 아름답게 바뀔 수 있다.

북현관(北玄關) 실내디자인

신뢰, 안정, 진로, 창의, 융화인 북현관(北玄關)이 중요하다. 현관(玄關)은 사는 사람의 정기(精氣)를 강화시키는 작용이 있다. 이것을 살리기 위해서 북현관(北玄關)에 햇빛이 그다지 비치지 않고 조용하고 차분한 분위기로 한다. 벽에는 거울이나 산 그림을 걸어두고, 거울은 현관(玄關) 정문을 피해서 건다. 그리고 가능하면 관상수를 신발 벗어놓는 곳에 두고, 현관(玄關) 바닥은 타일이나 세련된 남동(南東)의 밤색으로 한다. 신발장 위에 여행에서 사온 귀여운 목각인형과 꽃을 둔다. 서(西)의 흰 꽃은 결실, 편안, 센스, 금전운이고, 중앙(中央)의 노란 꽃은 중후, 포용, 신념, 부드러움, 연애운이며, 남서(南西)의 분홍 꽃은 원만, 인내, 현모양처, 인간관계에 길하다. 여자가 독신으로 살아가려면 널찍한 거실(居室)이나 침실(寢室)이 필요하다. 원룸이라도 넓어야 길(吉)하다.

화려한 화장대(化粧臺) 실내디자인

어려운 사회 환경에 자신 있고 강하게 살아가려면 자신을 분명히 가늠할 필요가 있다. 화장대(化粧臺) 앞에서 강한 자신감이 있도록 매일 점검한다. 힘들고 외로워도 도전하는 의지를 자기 자신과 이야기를 나누면서 쓸쓸함을 해소할 수 있고 강해질 수 있다. 침실(寢室)의 조력, 출세, 승부, 권위인 북서화장대(北西化粧臺)와 중앙에 둔 소파도 포인트이다. 화장대(化粧臺)는 자랑할 만큼 멋지고 큰 것이 길(吉)하고, 수납 부분과 거울 부분이 분리되는 화장대(化粧臺)가 길(吉)하다. 그리고 금속성 화장대(化粧臺)는 피한다. 화장품은 아래 수납공간에 넣어두고, 보석상자나 귀금속은 화장대(化粧臺) 위에 올려놓으며, 가죽으로 만든 원형의 등받이 없는 작은 의자로 한다.

제41장.

왕십리往十里 풍수이야기

　서울 동쪽에 왕십리라는 부락이 있다. 이태조가 새로운 도읍을 정하려 할 때 노파가 궁궐터는 여기서 십리만 더 가면 있다 하여 그 후 왕십리(往十里)라 했다. 이태조가 충남 계룡산에 도읍을 세우려고 공사를 착수하자 계룡산 산신이 이성계의 꿈에 나타났다. 이곳은 정씨(鄭氏)의 도읍지이고, 이씨(李氏)의 도읍은 한양이니 그곳으로 가라 하여 무학을 데리고 한양으로 향했다. 한강 따라 궁궐터를 점지하려 할 때 산야를 돌아다니다 정오를 훨씬 지나서 왕십리 부근에 당도하게 되었다. 북악에서 갈라져 남산이 남동으로 흘러 물줄기가 한강으로 합류하는 곳에 멈추어 국도를 찾으려 하였다.

　북악과 남산 사이에 넓은 평야를 발견하고 국도로 훌륭하다고 생각되었다. 그러나 어디다 궁궐터를 정해야 할지 어림짐작이 가지 않았다. 이때 노파가 나타나서 태조에게 무엇을 찾는지 물었다. 이에 태조가 국도 선정에 고심하고 있다고 하니 노파는 이곳에서 십리 더 간 곳이 좋으리라 대수롭지 않게 일러주고 사라져 버렸다. 이 태조와 무학은 신의 계시라 생각하고 북악산 기슭에 궁터를 정하였다. 노파가 일러준 왕십리는 서(西)인지 동(東)인지 말하지 않았지만 북악 밑만 생각했던 것이다. 이곳에서 북동(北東)으로 십리(十里)라 해석하였다면 규모가 웅대하여 한양 500년이 천년의 국운을 보유할 만큼 커다란 왕도를 잡았을지도 모른다.

미육체(美肉體) 아름다운 몸 인테리어

아름답고 날씬한 육체를 지닐 수 있는 방법을 시도해도 전혀 효과 없는 사람도 있다. 의지가 약해서 끝까지 버티지 못하기 때문이다. 의지를 약하게 만듦은 디자인에 흉기(凶氣)가 있기 때문이다. 깨끗하고 좋아하는 옷을 입으면 이상하게도 자신감이 솟아나게 된다. 인간이 입는 옷 중에서 가장 큰 것은 첫째가 주위 환경이다. 두 번째가 집이다. 세 번째가 실내디자인, 네 번째가 옷이며, 다섯 번째가 피부다. 옷을 보면 그 사람의 체형을 알 수 있다. 아름다운 육체를 간직할 수 있다면 즐거웠던 청춘을 되찾고 싶은 심정이 꿈으로 끝나지 않는다. 아름답고 날씬한 육체를 지닐 수 있는 방법을 찾으려는 영원한 과제로 생각함은 젊은 여성만의 전유물은 아니다.

한색(寒色) 실내디자인

햇볕이 잘 드는 발전, 화려, 쾌활, 집중력, 명성, 미모인 남거실(南居室)이 있고, 방에 큰 창(窓)이 있으며 젊음, 건강, 부지런인 동(東)에 출입문이 있는 것이 이상적이다. 침대(寢臺)는 결실, 깨끗함인 서(西)에 두고, 젊음, 건강, 부지런인 동침(東沈)이나 쾌활, 화려, 집중력, 미모인 남침(南沈)을 한다. 침대(寢臺) 옆에 살이 빠지면 입을 날씬한 옷을 두며, 운동기구는 침대 가까운 곳에 둔다. 바다를 상상할 수 있는 소품이나 도자기로 장식하면 좋다. 집중력, 미모, 극양인 남쪽에 물을 담아두는 어항, 주전자는 흉(凶)하다.

전등(電燈)은 발전, 화려, 쾌활, 집중력, 미모인 천정중앙(天庭中央)에 하나, 남벽(南壁)에 하나 밝은 것으로 한다. 남벽에 숲이나 초원 그림을 걸면 효과 있는 다이어트 체험을 하게 된다. 집중력, 미모인 남(南)에서 들어오는 정기(精氣)는 거울처럼 속속 드러내는 힘이 있다. 남창(南窓) 옆에 한 쌍의 플로어스탠드를 두면 길(吉)하다. 그리고 남창(南窓)가에 전신거울, 체중계를 둔다. 방(房)의 타락, 나태, 유흥, 연애, 환락, 편안하려는 서쪽 구석 때문에 신경이 예민해지는 경향이 많다. 이때 찬색이나 회색을 고른다. 젊음, 건강, 부지런함인 동벽(東壁)에 젊은이 그림이나 포스터를 걸면 좋다.

의지약(意志弱) 실내디자인

방(房) 배치를 바꾸기 어려우면 다음과 같이 한다. 싱크대, 세면대, 욕조에 물을 담아두지 않는다. 배수의 구멍이 막히지 않도록 미리 점검하며, 습기 많고 물을 많이 사용하는 화장실용품은 시원한 청색으로 한다. 화장실은 통풍이 잘 되고 항상 깨끗하게 사용하며, 열기구인 레인지나 후드에 기름때나 물때가 끼지 않도록 하고, 싱크대에 설거지할 것을 모아두지 않는다. 몸매 가꾸기가 흐지부지함은? 화장실, 욕실이 유흥, 연애, 환락, 나태인 서(西)나 출세, 승부, 권위인 북서(北西)에 있기 때문이다.

제42장.

서오명릉西五明陵 풍수이야기

19대 숙종 때의 이야기다. 갈처사에게 숙종이 말했다.

"나를 위해서 명당 하나 잡아주시오."

"대왕님은 덕이 높으신데 신하로서 신후지지(神後之地)를 잡아드리게 됨은 무한한 가문의 영광입니다. 모레 한양으로 가겠습니다."

이렇게 하여 고양시 서오능에 명당을 잡아서 19대 숙종 대왕의 신후지지(神後之地)가 되니 명릉(明陵)이다. 소문을 접한 장희빈이 갈처사를 끌어다 자신의 신후지지(神後之地)를 잡으라고 명령하였다. 그러자 갈처사는 이틀 뒤에 사람을 보내라 하고 어디론가 종적을 감추었다. 군대를 파견하여 갈처사를 찾으려 했으나 온데간데없이 사라졌다. 갈처사가 어떤 도인인가? 덕 많은 숙종의 신후지지(神後之地)를 잡아주었지만 악독한 장희빈은 명당에 들어갈 수 없다고 생각했던 것이다. 이것을 악인불입명당(惡人不入明堂)이라고 한다.

자가(自家) 내 집 마련 인테리어

아무리 생각이 간절하게 바라도 저절로 하늘에서 떨어지거나 땅속에서 솟아나는 내 집은 없다. 행운을 부르는 디자인을 잘만 이용하면 5년 이내에 내 집을 장만할 수 있다. 내 집을 마련하기 쉬운 방위(方位)는 다음과 같다.

(1) 젊음, 건강, 새로운 도전, 부동산 활용, 배움, 부지런, 학자, 정보. 성장, 발전인 동(東)
(2) 사회적, 활동력, 큰 기획, 지위, 재산, 가장, 통솔력, 존경, 하늘, 조력, 출세, 승부, 권위, 노후인 북(北)
(3) 저축, 지혜, 음의 끝, 양의 시작, 창도, 전근, 좌천, 변화, 이동, 상속, 부동산, 상처, 병, 실수, 의협심, 산(임야), 빌딩인 북동(北東)
(4) 근면, 유순, 충실, 땅, 노력, 순종, 현모양처인 남서(南西)다.

자기 집을 갖고 싶어 하는 마음은 누구나 간절하다. 실내디자인으로 내 집 마련에 행운을 부르자. 집을 구할 수 있는 부동산운을 상승시키는 정기(精氣)를 부르자. 너무 비싸서 내 집 마련은 헛된 꿈에 불과하다고 비관하는 사람들이 많다. 지금부터 실내디자인으로 바꾸어보자.

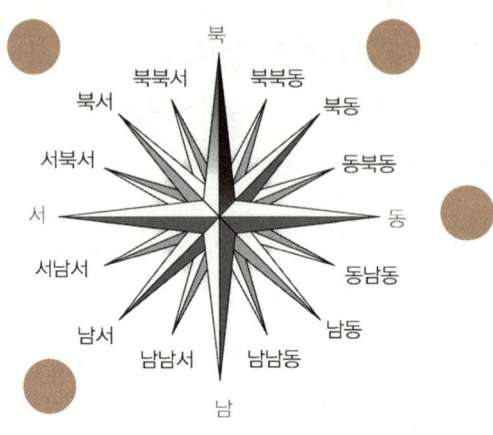

길 정보(吉 情報) 실내디자인

음기 서린 검정 회색 가구는 피하고, 양기 서린 밝은 색 가구를 고른다. 여아(女兒) 방이면 아이보리, 크림색, 엷은 핑크색 바탕으로 꾸민다. 남아(男兒) 방이면 엷은 청색으로 꾸며라. 젊음, 건강, 도전, 부동산 활용, 부지런, 발전인 동(東)은 아이 정기를 강하게 하는 방위(方位)이고, 동(東)은 아이 방에 길(吉)하다. 동(東)은 계획을 세울 수 있는 정보를 부르는 행운의 힘이 있다. 언제나 산뜻하게 청결을 유지한다. 오디오를 동(東)에 두면 길(吉)하다. 아침 해가 들어오는 창(窓)이 있으면 커튼을 닫지 말고 햇살이 방으로 들어오게 한다.

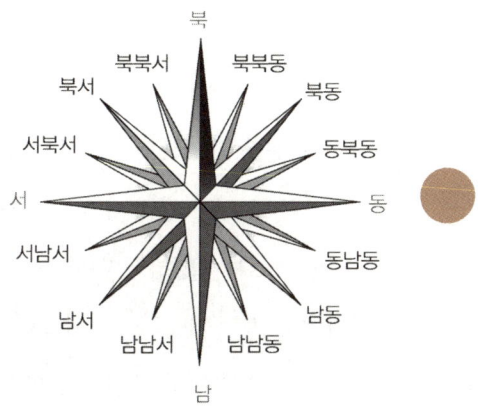

행복가(幸福家) 실내디자인

싸구려를 너저분하게 늘어놓지 말고 하나를 놓더라도 질 좋은 가구를 두며, 베이지색과 차분한 가구를 둔다. 돈, 서류나 계약서, 금고는 조력, 출세, 승부, 권위인 북서(北西)에 두고, 조력, 출세, 승부인 북서(北西)가 남편서재(男便書齋)면 원숙하여 일에 성공한다. 북서(北西)는 침대보다 온돌방이 길(吉)하며, 조력, 출세, 승부인 북서(北西)는 가족이 행복하게 살 수 있는 집을 구해주는 힘이 있다.

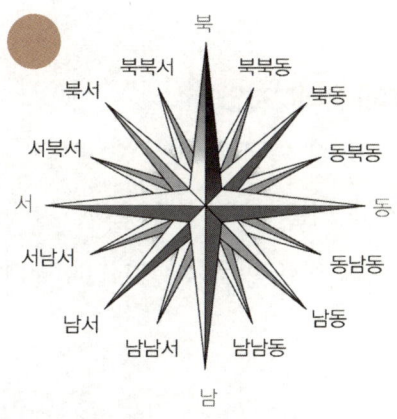

대지운(大地運) 실내디자인

　노력, 원만, 인내, 대지인 남서(南西)에 큰 창(窓)이 있으면 커튼으로 햇살을 차단하고 덧문을 꼭 닫는다. 여성은 원만, 인내, 대지, 현모양처인 남서방(南西房)에 하루 한 번은 꼭 들어간다. 남서방(南西房)에 관상수를 두면 길(吉)하고, 남서방(南西房)에 황색, 아이보리, 흰색도 길(吉)하다. 남서(南西)는 건강을 다스리는 힘이 있고, 땅이나 단독주택에 인연이 있으며, 가족이 모이는 방이나 주부가 사용한다.

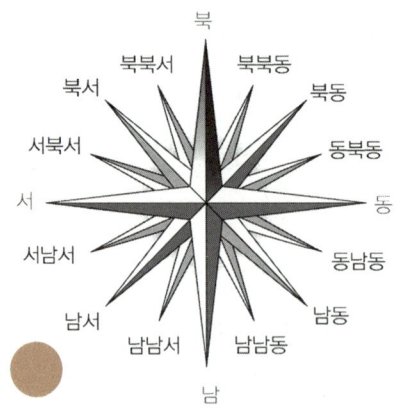

건물운(建物運) 실내디자인

　지혜, 희망, 시작, 창조, 변화, 이동, 산, 빌딩인 북동(北東)은 항상 깨끗이 청소한다. 귀문 방위인 북동(北東)은 창문 출입문을 자주 여닫지 않는다. 시작, 변화, 이동, 산, 빌딩인 북동(北東)에 식당, 아이 방, 가사실, 창고, 다용도실이 길(吉)하다. 북동(北東)이 더러워지면 내 집 마련 꿈은 멀어진다. 실내디자인 소품은 흰색으로 통일한다. 지혜, 희망, 끝, 시작, 창조, 전근, 좌천, 변화, 이동, 상속, 부동산, 상처, 병, 의협심, 실수인 북동(北東)은 빌딩, 산과 인연이 깊다. 좋은 맨션이나 새집을 잘 만나게 하는 힘이 있다. 이렇게 디자인이 딱 들어맞으면 내 집 마련은 눈앞에 있다.

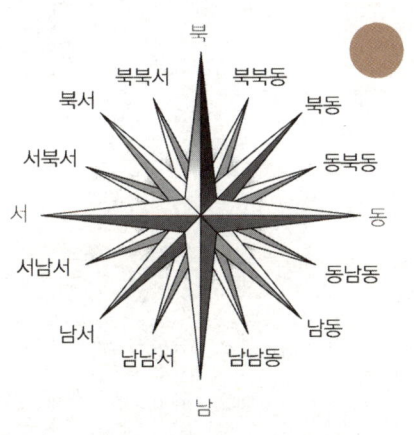

제43장.

건천乾川 풍수이야기

　남산 일호 터널에서 필동 명보극장 인현동으로 흐르는 마른 내인 건천(乾川) 근처가 이순신 장군이 태어난 생가이다. 을지호텔 뒤이다. 정인지, 양성지, 허균, 유성룡이 이곳에서 살았다. 복희(伏羲)의 희신(羲臣), 요(堯)의 요신(堯臣), 순(舜)의 순신(舜臣), 우(禹)의 우신(禹臣) 네 형제 중 셋째로 태어난 이가 이순신이다. 순신(舜臣)은 잘못은 자기가 책임지고, 공은 남에게 돌려 생색을 내지 않았다. 뼈대 있는 가문과 지엄하신 어머니의 가르침과 명당의 정기가 어우러져서 충무공(忠武公) 이순신(李舜臣)이라는 걸출한 인물이 나게 되었다.

금전운(金錢運) 인테리어

　금전운(金錢運)은 디자인 따라 꿈결에 부드러운 미풍처럼 살며

시 찾아온다. 금전(金錢)을 부르는 행운은 부엌의 디자인 따라 좌우된다.

북(北)부엌에 쌓이는 돈 실내디자인

(1) 유리컵, 사기그릇은 부엌에 두지 말고 햇살 잘 드는 식당이나 거실에 유리문 있는 찬장에 넣어둔다.

(2) 북(北)은 신뢰, 안정, 남녀 사랑, 감춘 돈인 북(北)에 있는 부엌문은 아이보리, 흰색이 길(吉)하나 진함은 피한다.

(3) 부엌용품은 따뜻한 색으로 핑크나 오렌지색의 꽃으로 장식한다.

(4) 신뢰, 안정, 남녀 사랑, 감춘 돈인 북(北)부엌에 창(窓)이 없으면 눈부실 정도로 조명을 밝게 하여야 길(吉)하다.

(5) 햇살이 잘 들지 않는 북(北)부엌은 개수대 앞의 타일이 흰색, 아이보리색이면 차곡차곡 돈이 모이는 힘이 생긴다.

동(東)부엌 외환 시세 실내디자인

정보, 젊음, 건강, 도전, 부동산 활용인 동(東)에 부엌이 있으면 바닥은 벽돌색이 길(吉)하고, 창(窓)이 없으면 적색(赤色)으로 한다. 벽(壁) 타일은 파란색으로 하고, 부엌문은 나뭇결이 곱게 코팅 처리함이 길(吉)하다. 효과적으로 이용할 수 있는 디자인은 파랑, 빨강이 포인트다. 아침 해가 들어오는 성장, 발전, 정보인 동(東)부엌은 공정금리, 외환시세, 금시세 직감력을 키워준다.

남(南)부엌 귀금속 실내디자인

발전, 화려, 쾌활, 집중력, 명성, 미모인 남(南)부엌은 청소를 깨끗이 하면 더욱 길(吉)하다. 환풍기나 갓을 새것으로 바꾸고, 부엌의 환풍기가 더럽고 소리가 심하면 아무리 재능이 좋아도 무용지물이다. 창(窓)가에 관상수 화분을 두고 조명은 밝게 하며, 강한 햇살은 베이지, 흰색의 블라인드로 차단한다. 화려, 집중력, 쾌활인 남(南)부엌에 보석, 귀금속을 보관해두면 금전운이 좋아진다. 냄비나 식기는 반짝거리는 스테인리스가 길(吉)하고, 부엌용품은 흰색, 황색으로 하며, 부엌문은 화려한 색이 길(吉)하다.

서(西)부엌 고급감 실내디자인

저장, 결실, 깨끗, 금전인 서(西)부엌의 청결을 소홀이 하면 다른 것을 길(吉)하게 해도 금전운이 달아난다. 부엌 바닥의 기름때, 쓰레기 악취는 대단히 흉(凶)하다. 과일을 담는 그릇도 도자기가 길(吉)하고, 커피잔은 고급스런 백자로 찬장에 넣어둔다. 행운을 부르는 소품은 흙에다 높은 온도인 양(陽)을 가함이 도자기다. 꽃은 언제나 도자기로 장식하고, 벽에다 바다, 하늘 그림 포스터를 걸어둔다. 금전운이 넘치는 부엌은 고급감이 포인트다. 오후 햇살이 들어오는 결실, 타락, 나태, 깨끗, 유흥, 환락, 금전인 서(西)부엌은 금전이나 궁핍운 한쪽에만 작용한다.

제44장.

혈심불견穴心不見
풍수이야기

　여러 명의 사나이가 백발이 성성하고 위풍이 당당한 노인을 발로 차고 손으로 때려서 피 흘리며 사경을 헤매고 있었다. 이곳을 지나던 여불위가 자초지종을 알아보니 천자지지(天子之地)라 하였다. 많은 돈을 주고 부친의 묘를 파묘하여 유골을 모셔왔는데 혈처(穴處)에 당도하여서는 혈심(穴心)이 보이지 않는다 하니 분통이 터졌다. 사기꾼이라 그냥 둘 수 없어서 이런 해괴한 일이 벌어졌다. 대단히 귀하게 보이는 노인이 곤경에 빠져서 고난을 당하고 있으니 돈을 갚아주고 구하여 집으로 모시어 정성을 들여 치료하였다. 노인이 너무 고마워서 그 명당에 가보니 보이지 않던 혈심(穴心)이 거짓말처럼 다시 보였다. 임자는 따로 있구나! 생각하고 고맙게 살려준 분을 모시고 가서 이곳은 천자(天子)가 나올 자리라며 혈심(穴心)을 잡아드렸다. 여러 달 후에 조부(祖父)를 이곳에 모셨다. 이 고마우신 분이 여불위(呂不韋)다.

행운석(幸運石) 인테리어

남편에 자신이 없거나 자기 스스로 사회적 지위를 이룩할 수 없으면 보석, 귀금속으로 행운을 잡을 수 있다. 보석을 지니고 처음 만나는 사람은 흉(凶)하다. 활동력, 지위, 재산, 가장, 통솔력, 존경, 하늘, 조력, 출세, 승부, 권위인 북서금(北西金)의 정기인 보석, 크리스탈은 주인을 크게 성장시키고, 행복의 활력소가 되는 힘이 있다. 보관 장소를 잘못하면 정기가 떨어진다. 보석이나 귀금속을 이용하면 행운도 부를 수 있다. 북서(北西) 정기(精氣)인 보석, 귀금속에 흥미 없다는 사람도 손에 들어오면 욕심이 생겨서 5~6개의 보석을 지닌다. 남편이나 아이에게서 꿈을 잃어버린 여성은 더욱 심하다. 북서(北西) 정기(精氣)인 보석, 귀금속은 돈 많은 여성의 상징이다. 누구나 결혼반지, 탄생석, 보석, 귀금속 중 하나둘은 가지고 있다.

보관장소(保管場所) 실내디자인

침대나 TV 위치에 신경을 쓴다. 제일 소중히 생각하는 보석색의 꽃을 방(房)에 둔다. 보석은 행운이 따르는 방위의 가구 속에 잘 정돈하여 둔다. 보관하는 장소는 어디든 상관이 없다. 밝으면 보석이 상하고, 보석이 지닌 정기(精氣)가 떨어진다. 보석은 직사광선이 들지 않는 곳에 두어야 길(吉)하다. 행운을 부르는 보석의 장소는 태어난 용신(用神)에 따라 달라진다.

(1) 수용신(水用神) 신자진생(申子辰生)은 방의 신뢰, 안정, 남녀 사랑, 감춘 돈, 융화인 북(北)에 보석을 보관하면 큰 금전운을 얻는다. TV는 부자, 젊은 여자, 착하고, 우아, 상냥, 결혼인 남동(南東), 침대는 원만, 인내, 현모양처, 땅, 단독주택인 남서(南西)에 붙이고, 남침(南寢)한다. 장사를 시작하려는 사람에게 길(吉)하고, 포근하고 안정된 삶을 누리게 한다.

(2) 화용신(火用神) 인오술생(寅午戌生)은 방(房)의 지혜, 희망, 시작, 이동, 산, 빌딩, 부동산, 금전인 북동(北東)에 귀금속을 보관한다. TV는 조력, 출세, 승부, 권위인 남서(南西)에 두고, 발전, 화려, 쾌활, 집중력, 명성, 미모, 영감인 남향(南向)한다. 주택운, 부동산운이 따른다. 상속 문제로 다투는 일이 없고, 돈과 건강이 보장된 노후를 보낼 수 있다.

(3) 목용신(木用神) 해묘미생(亥卯未生)은 방(房)의 신뢰, 안정, 감춘 돈, 창의, 융화인 북(北)에 귀금속을 보관한다. TV는 발전, 쾌활, 집중력, 명성, 영감인 남(南)에 두고, 침대머리를 젊음, 건강, 부동산 활용, 부지런함인 동(東)에 둔다. 남편이 출세하거나 명성이 높아지면 아내도 행복하다.

(4) 금용신(金用神) 사유축생(巳酉丑生)은 방(房)의 시작, 이동, 부동산, 산, 빌딩인 북동(北東)에 귀금속을 보관한다. TV는 착하고, 우아, 상냥, 부자, 결혼인 남동(南東)에 두고, 내 집 마련, 부동산으로 돈을 벌고 싶으면 남동(南東)에 둔다. 침대머리는 결실, 깨끗, 금전인 서향(西向)한다.

보석화색(寶石花色) 실내디자인

바탕색을 맞추면 방(房)의 통일감이 생겨서 더욱 길(吉)하다. 침대커버와 커튼은 한쪽은 무늬가 없는 것으로 하고, 다른 쪽은 무늬가 있는 것이 길(吉)하다. 발전, 화려, 쾌활, 집중력, 명성, 미모, 영감인 남(南)쪽 커튼은 녹색으로, 화제, 센스, 귀여움, 결실, 깨끗, 금전인 서(西)쪽은 베이지색, 갈색으로, 신뢰, 안정, 감춘 돈, 창의인 북(北)쪽 커튼은 청색으로 하면 방위의 기와 조화된다. 침실커튼은 흰색, 황색, 루비는 빨간색, 사파이어는 파란색, 자수정은 자주색이 길(吉)하다. 꽃색은 좋아하는 보석의 색상과 동일하게 맞춘다. 침대 머리맡에 꽃과 스탠드를 두고, 머리맡 벽에 꽃 그림을 걸자.

제45장.

무수리
풍수이야기

냇가에서 빨래하는 자태가 곱고 순박한 처녀를 어여삐 여겨 궁중으로 불러들였다. 숙종이 어느 날 깊은 밤에 궁내를 순행하고 있었다. 한 군데만 불이 꺼지지 않는 방을 발견하였다. 가보니 냇가에서 데려온 최 무수리였다. 촛불이 켜있고 향내가 진동하여 연유를 물으니 오늘이 돌아가신 민 왕후의 생일이란다. 민 왕후의 죽음을 안타까이 여기던 숙종은 가상히 생각하여 더욱 귀여워하고 가까이 했다.

행복결혼(幸福結婚) 인테리어

멋진 주부가 되려면 결혼하는 것이다. 행복(幸福)하거나 불행(不幸)함도 어떤 사람과 만나서 어떤 집에 사느냐에 달렸다. 저 사람은 괜찮을까 망설임 끝에 결혼했을 것이다. 결혼이라는 인생 최대의 결단에 쉽게 뛰어들지 못하고 있다. 결혼하지 않는 풍조가 퍼지고 있다.

남동난색(南東煖色) 실내디자인

결혼운을 가져다주는 방위는 젊음, 여자, 싱그럽고, 착하고, 우아, 상냥, 결혼인 남동(南東)이 가장 확실하다. 다음이 신뢰, 안정, 남녀 사랑, 융화인 북(北)과 센스, 화제, 귀여움, 즐거움, 결실인 서(西)다. 교제하는 사람과 결혼하고 싶으면 편지를 북(北)에 있는 서랍장 가구에 넣어둔다. 신뢰, 안정, 남녀 사랑, 융화인 북벽(北壁)에 그림이나 포스터를 어수선하게 장식함은 흉(凶)하다. 신뢰, 안정, 남녀 사랑, 융화인 북(北)에 책상을 두어야 길(吉)하다. 타락, 나태, 유흥, 연애, 환락인 서(西)에 어항을 두면 연인은 단순한 놀이 상대로 끝나버리기 쉽다.

결실, 깨끗, 센스, 대화, 귀여움, 연애, 편안함인 서벽(西壁)에 장롱, 화장대를 둔다. 포스터, 달력, 문손잡이에 액세서리를 달면 흉(凶)하다. 문은 단순한 것이 길(吉)하다. 젊음, 여자, 싱그러움, 착하고, 우아, 상냥, 교제, 결혼인 남동창(南東窓)이 있으면 커튼을 크림색, 꽃무늬 베이지, 녹색, 핑크, 흰색이 길(吉)하다. 햇살 바르고 통풍 잘 되면 두말할 나위 없다. 집의 중심에서 침실(寢室)이 남동(南東)에 있으면 아주 길(吉)하다. 젊음, 여자, 싱그러움, 착하고, 우아, 상냥, 교제, 결혼인 남동(南東)에 창(窓)이 없으면 남동벽(南東壁)에 산뜻한 풍경화나 성숙한 여자 그림으로 장식한다. 실내디자인인 소품, 나무, 바닥, 카펫은 따뜻한 색으로 하고, 벽이나 천장도 따뜻한 색이 길(吉)하다. 따뜻한 색이 길한 인연을 가져다준다. 조명은 천장 가운데 북(北) 서벽(西壁)에 하나씩을 단다.

제46장.

황손이인 皇孫異人
풍수이야기

    내우외환으로 국세가 미약해진 주(周)나라는 여러 제후를 다스릴 힘이 없어졌다. 조(趙), 위(魏), 진(秦), 초(楚), 한(韓), 제(齊), 연(燕) 등의 제후들은 약한 이웃 나라를 정벌하여 영토를 넓히는 데 혈안이 되었다. 조(趙)나라를 치던 진(秦)나라 소왕(昭王)의 손자 이인(異人)이 포로가 되었다. 조나라는 이인(異人)을 사살하지 않았다. 전략상 인질로 살려두어야 진(秦)나라가 침공할 수 없기 때문이다. 이리하여 진나라는 조나라를 칠 수가 없었다. 공손건의 사택으로 압송하던 중 길에서 여불위(呂不韋)는 이인(異人)을 볼 수 있었다. 지금은 인질로 압송당하고 있지만 비범하고 대귀한 용모이니 큰일을 할 사람 같았다.

당첨(當籤) 인테리어

무턱대고 바라면 아무 소용없으니 열심히 장식에 노력해서 행운을 부르자. 너나 할 것 없이 아무나 당첨됨은 아니다. 당첨되는 바람에 큰 행운이 오히려 나가버리는 사람도 있다. 십억, 일억, 아니 백만원이라도 복권에 당첨되어 봤으면 좋겠다고 꿈꾸는 사람이 많을 것이다. 시간은 걸리겠지만 복권, 경마에서 행운을 가져오는 장식으로 꾸며라.

직감력(直感力) 실내디자인

(1) 벽이나 천장은 베이지색으로 단순한 벽지면 길(吉)하다. 승부운(勝負運)을 부르려면 중앙(中央)인 오렌지, 남서(南西)인 핑크색으로 한다.

(2) 바닥은 플로어링으로 하고, 동(東) 녹색 바탕에, 남(南) 빨강이나, 북동(北東) 파랑이 들어간 카펫을 중앙에 깔아둔다.

(3) 침대커버는 커튼과 색을 맞추고, 베개커버는 서(西) 흰색, 중앙에 황금색으로 한다. 침대를 서(西), 남서(南西)에 두고, 북(北)으로 잠을 잔다. 침대는 세미더블 이상으로 넓고 낮음이 길(吉)하다. 조명은 천장에 하나, 서(西), 북서(北西), 북동벽(北東壁)에 하나씩 달면 길(길)하다.

(4) 잠을 잘 때는 복권이 당첨되고 싶은 쪽으로 잠을 잔다. 침실이 좁으면 행운도 풀리지 않는다. 네 평 이상이 길(吉)하다

(5) 집중, 명성, 영감인 남(南)에 큰 창(窓)과 베란다가 길(吉)하며, 베란다에 흰색 테이블과 의자를 둔다. 창(窓)가에 관상수 한 쌍을 두면 영감과 직감이 예리해지며, 베란다에 세탁기나 말라버린 화분을 두면 행운은 사라진다.

(6) 지혜, 희망, 시작, 창조, 변화, 부동산인 북동(北東)에 결단력을 갖게 하는 화장대(化粧臺)를 두고, 원만, 인내, 현모양처, 대지인 남서(南西)에 나뭇결이 보이는 장식장을 둔다.

(7) 젊음, 건강, 부동산, 정보, 부지런함인 동창(東窓)이 없으면 플로어스탠드를 두고, 동(東)에 큰 창(窓)이 있으면 오디오나 TV를 두며, 빨간 꽃 그림, 젊은 남성 포스터도 길(吉)하다. 이것이 동(東)으로부터 결단의 힘을 불러들인다.

당첨장소(當籤場所) 실내디자인

여성은 복권을 핑크나 붉은 봉투에 넣어서 밝은 책장, 화장대 위, TV 옆에 둔다, 너무 높은 곳에 두면 흉(凶)하다. 남성은 복권을 청색 봉투에 넣어서 가능한 낮은 침대 아래 서랍에 보관한다. 복권당첨은 실내장식에 좌우된다. 복권을 불단에 두는 사람도 있는데 소용없는 일이다. 복권은 신이 주지 않는다. 복권에 당첨되도록 빌지 않는 것이 좋다. 실내장식으로 기대하라.

제47장.

장희빈 항아리
풍수이야기

홀연히 새끼용이 나타나 다급한 소리로 말했다.

"아바마마, 살려주십시오! 취선당 앞에서 소자가 죽어가고 있습니다."

이렇게 외치는 소리에 놀라 꿈을 깬 숙종 대왕은 생각해보니 괴이하여 취선당으로 가보았다. 최 무수리가 회임하여 배가 부르자 장희빈은 질투하여 매질하니 죽음 직전에 이르렀다. 상감마마 납신다 하여 다급해서 커다란 항아리로 덮어두었는데 피가 흘러 나와서 발각되었다. 이렇게 악독한 장희빈에게 갈처사가 명당을 줄 리 있었겠나. 명당은 절대로 악한 사람에게 열어주지 않는다. 명당은 선덕을 베푼 사람에게 열린다.

재(財)테크 인테리어

행운을 부르는 장식만 잘하면 특별한 재능이 없어도 재테크를 할 수 있고, 돈을 불릴 수 있다.

취침중행운(就寢中幸運) 실내디자인

이불은 매일 정확하게 방중앙(房中央)에 깔아야 길(吉)하다. 침대 아랫바닥에 베이지, 짙은 갈색, 녹색 카펫을 깔면 더욱 길(吉)하다. 젊음, 건강, 도전, 배움, 부지런함, 발전인 동침(東沈)하면 아침 일찍 일어날 수 있다. 저장, 결실, 풍요, 깨끗, 나태, 유흥, 대화, 연애, 환락, 금전, 고요, 편안인 서침(徐忱)하면 숙면할 수 있다. 첨단, 화려, 쾌활, 명성, 미모, 사교, 발전, 집중력, 영감인 남침(南沈)하면 영감을 높여준다. 신뢰, 안정, 감춘 돈, 남녀 사랑, 창의, 융화인 북침(北枕)하면 인간관계, 금전운에 길(吉)하다. 침대는 방(房) 가운데 두고 배가 방 중심에 있도록 잔다. 침실(寢室)은 넓을수록 커다란 행운을 부른다. 침대(寢臺)의 디자인이 중요하다. 재테크운은 잠자는 동안 23시부터 3시까지 자란다.

동창행운(東窓幸運) 실내디자인

방중앙(房中央)에서 본 길(吉) 방위에 물건을 둔다. 젊음, 건강, 부동산 활용, 부지런함, 소리, 정보, 발전인 동벽(東壁)에 시계를 건다. TV, 오디오, 스피커도 동(東)에 두며, 동(東)에 높은 창(窓)이 길(吉)하다. 문 옆에 사이드테이블을 두고, 그 위에 전화, 컴퓨터를 두고, 꽃으로 장식한다. 자질구레한 물건 장식으로 악센트를 주어도 길(吉)하다. 어려움, 센스, 화제, 저장, 결실, 풍요, 유흥, 나태, 연애, 환락, 금전인 서(西)에 장식장을 두고, 고급 차그릇, 커피잔, 귀금속을 넣어 장식한다. 스포트라이트로 그림을 비추면 길(吉)하다.

첨단, 발전, 화려, 쾌활, 만남, 이별, 집중력, 교육, 명성, 영감인 남(南)은 통풍창(通風窓)이 필요하다. 남창(南窓)이 너무 크면 창(窓) 양쪽에 관상수 화분을 둔다. 신뢰, 안정, 감춘 돈, 남녀 사랑, 창의, 융화인 북(北)에 목재 수납장 타입의 금고를 두고, 안에는 인감, 보석, 통장 등 값나가는 물건을 빠트리지 말고 항상 넣어둔다. 방(房)의 남동(南東)에 출입문(出入門)이 있으면 더욱 길(吉)하다. 바람, 부자, 착함, 우아, 상냥, 결혼인 남동(南東)에 에어콘을 설치한다. 조력, 출세, 승부, 권력인 북서(北西)에 큰 나무책상 곁에 화장대, 큰 거울을 두고, 실내는 거실용 플로어스탠드나 벽 조명인 브리킷으로 언제나 밝게 한다.

제48장.

여불위 계략 呂不韋 計略
풍수이야기

　여불위(呂不韋)는 상인이지만 식견이 풍부하고 두뇌가 명석하여 귀곡자(鬼谷子)로부터 관상법을 전수 받아 정통하였다. 금은보석과 많은 돈을 들이고 온갖 수단을 동원하여 공손건의 환심을 사서 인연을 맺는다. 자연스레 세 사람이 주연을 열어 자주 접촉하였다. 공손건과 이인을 여불위가 자기 집에 초청하여 주연을 베풀어주었다. 여불위의 선녀(仙女)같이 아름다운 애첩 주희를 동석시켰다. 도도하게 주흥이 무르익어가니 과음하여 공손건은 잠들었다. 이인도 취하였다. 여불위(呂不韋)도 취하여 물러서니 선녀같이 아름다운 주희와 그녀의 미색에 반한 이인과 둘만 남았다. 주희는 아름다운 자태와 기교로 이인을 유혹한다. 젊은 두 남녀는 뜨거워진다. 이인(異人)으로서는 오랜만에 보는 주희의 미모에 반해 욕정을 억제하지 못하고 주희를 범했다. 젊은 남녀의 뜨거운 숨소리가 헉헉할 때 별안간 여불위(呂不韋)가 들이닥친다. 젊은 남녀가 벌거벗고 엉켜 붙어 있었으니 어찌할 바를 모른다. 남의 부인을 범한 현장을 들켰으니 이인(異人)은 혼비백산하였다. 더구나 얼마나 여불위(呂不韋)의 은혜를 입은 이인(異人)이었던가.

"나의 애첩을 겁탈하는 의리 없는 인간은 죽어 마땅하다."

벽력같이 소리치며 당장 죽일 기세로 주희의 뺨을 후려친다. 주희는 사색이 되어 바들바들 떨다가 울면서 애원했다.

"죽어 마땅하나 이인을 위하여 많은 가산을 소비하면서 친의를 이셨는데 소첩의 잘못으로 두 분이 원수가 되었으니 소첩을 죽여주시옵소서."

"크나큰 은혜를 입었음에도 색욕에 눈이 어두워 은혜를 배은망덕하였고, 음탕한 계집이 되었고, 대인과 이인의 친분마저 깨트렸으니 깨끗이 자결하려 하오니 모쪼록 돈독한 친분을 더욱 이어지기를 바랄 뿐입니다."

그러면서 주희가 칼을 들어 자결하려니 여불위는 그녀의 칼을 든 손을 붙잡고 달랜다.

"이인은 젊고 주희를 깊이 사랑하는 듯하니 이인에게 보내려니 나의 조그만 뜻이나마 잊지 말아주시오."

수치심과 두려움으로 벌벌 떨던 차 여불위의 후덕에 이인이 말했다.

"대인께서 관대한 용서에 몸 둘 바를 몰라 합니다. 크나큰 은덕에 감읍하여 이 몸이 부서지는 한이 있어도 은혜를 갚겠소이다."

이인은 여불위가 하늘같이 높게 느껴졌다. 이 무렵 공손건이 일어나 겨우 돌아가는 사정을 알게 되었다. 여불위는 공손건에게 말했다.

"객지에서 쓸쓸히 지내는 이인을 위해 애첩 주희를 주어 위로를 들이려 하는데 공 장군의 의향은 어떠하신지오?"

"실로 가상한 일이오. 사랑하는 애첩을 친구를 위해 바치겠다니 대장부다운 처사요. 내가 예물(禮物)을 준비하여 중매쟁이가 되겠오."

이리하여 두 사람이 결혼식을 올렸다.

남녀아(男女兒) 인테리어

음식 조절로 아이를 가려 낳을 수 있는 방법이 있다지만 가장 중요한 문제는 침실(寢室) 디자인에 달렸다. 높은 확률로 바라보는 대로 아들딸을 부를 것이다. 아이를 원하면 시험해보자. 마음속엔 성별을 바람이 부모 마음이다. 태어나는 아이가 온전하기만 하다면 바랄 것 없다고 말한다. 자신의 힘으로는 어쩔 수 없고, 신만이 할 수 있는 것들이 많다. 아이를 가려 낳음도 그중의 하나다.

아들(男兒) 실내디자인

화장대(化粧臺)는 첨단, 발전, 화려, 쾌활, 명성, 집중력, 미모, 영감인 남(南)에 둔다. 방(房) 가운데서 사랑인 황색, 열매 맺는 노랑

꽃을 장식한다. 부부 옷장은 결실, 고요, 편안인 서(西)에 두고, 침대는 소리, 젊음, 건강, 성장, 정보인 동(東)에 두고, 동침(東沈)한다. 이상은 남아정기(男兒精氣)를 끌어당긴다. 건강한 남아의 그림이나 포스터를 걸어둔다. 방(房)의 신뢰, 안정은 중남북(中男北), 지혜, 희망, 음의 끝, 양의 시작, 변화, 이동은 소남북(小南北), 젊음, 건강, 도전, 배움, 부지런은 장남동(長男東)에 침대나 TV, 오디오를 둔다. 전등갓은 자연섬유인 천이 길(吉)하다. 방(房) 전체 바닥은 목재가 이상적이며, 천장 벽색은 엷음이 길(吉)하고, 포인트가 있는 커튼으로 한다. 아들을 원하면 침실(寢室)이 집의 중남북(中男北), 소남북동(小南北東), 장남동(長男東)에 있음이 첫째 조건이다. 침실도 북(北), 북동(北東), 동(東) 방위에 있어야 한다.

여아(女兒) 실내디자인

공기가 실내에 오래 머물러 있으면 훌륭한 아이를 낳기 어렵다. 어떤 방이나 통풍이 잘 됨이 중요하다. 여아(女兒)를 원한다면 침실(寢室)을 집의 소녀서(小女西), 노녀남서(老女南西), 중녀남(中女南), 장녀남동(長女南東)에 배치하고, 침실(寢室) 안도 방위에 장식을 집중시킨다. 방(房)의 저장, 결실, 풍요, 금전, 고요, 편안은 소녀서(小女西), 대지, 노력, 원만, 인내, 현모양처는 노녀남서(老女南西), 첨단, 화려, 명성, 미모는 중녀남(中女南), 바람, 부자, 젊음, 여자, 우아, 상냥, 결혼은 장녀남동(長女南東)에 침대, TV, 오디오를 두고, 화려, 명성, 미모, 영감, 교육인 중녀남침(中女南侵)한다.

　석류나무나 핑크색 꽃을 바람, 부자, 젊음, 여자, 우아, 상냥, 교제, 결혼인 장녀남동(長女南東)에 장식한다. 남편 옷장은 저장, 결실, 풍요, 깨끗, 즐거움, 귀여움, 금전, 고요, 편안인 소녀서(小女西)에, 부인 옷장은 젊음, 건강, 배움, 부지런, 학자, 성장인 장남동(長南東)에 둔다. 커튼은 꽃무늬가 길(吉)하지만, 색은 벽과 같은 계통으로 고른다. 방은 나무바닥과 베이지 벽으로 장식하여 부드러운 분위기를 연출한다.

제49장.

세계제일명당
풍수이야기

　지구가 처음 형성될 때 곤륜산을 지붕으로 하고 좌우 양쪽으로 분리시켜 백호는 로마교황청이 지배하고, 청룡은 중국의 자금성이 지배했다. 로마교황청은 백호의 중심지로 유럽을 통치하였다. 북경의 자금성은 동양 전체에 영향력을 발휘하였다. 십억이 넘는 중국인을 이끌고, 더구나 긴 잠에서 깨어나 앞으로 용진하는 엄청난 세력으로 세계를 이끌어가리라. 우리나라는 산천이 빼어나게 아름다워 감응이 빠른 음택으로써 세계 제일로 인정한다. 산천(山川)이 아름다워서 명당자리가 많기로 세계 제일이요, 지구상에서 하나밖에 없는 천하제일 명당이 금수강산에 결응되어 있다. 지구가 처음 생길 때부터 정해 있어 70억 세계 인구를 이끌어갈 위대한 통치자를 배출할 세계 제일의 명당은 과연 우리나라 어디에 있을까?

　　진혈천장지비(眞穴天藏地秘) 이대유덕지인(以待有德地人) (참된 혈은 하늘이 감추고, 땅은 비밀로 하여 덕 있는 사람을 기다리고 있다. 혈은 누구나 구할 수 있는 것이 아니며, 효심과 덕을 많이 쌓는 사람만이 구할 수 있다.)이라 충남 내포(內浦) 지구라 일러왔다. 당나라 양태진이란 도인이 당포에 와서 내포 산세를 돌아본 적이 있다고 한다. 음택(陰宅)으로 천하 대명당인 자미원국(紫微垣局; 최고의 명당을 의미한다. 자미원국이란 천상의 성운의 별자리가 땅에 드리워진 형국을 말하는 자미원(紫微垣), 천시원(天市垣), 태미원(太微垣), 소미원(少微垣) 등 사대원국을 말한다. 특히 자미원국은 풍수의 형세상 황제의 자리라 하여 전 세계를 지배하고 다스리는 황제가 머무는 자리를 말한다.)이 백제 땅에 있고, 양택(陽宅)으로 천하 대명당인 자미원국(紫微垣局)이 중국에 있다고 당나라 양태진이 일렀다고 한다. 자미원국(紫微垣局)은 삼길(三吉), 육수(六秀), 구성(九星)이 모두 갖추어진 곳으로 절대 두 자리가 아닌 천하제일의 유일한 대명당이다.

행복야(幸福夜) 인테리어

침실까지 비디오를 설치하여 포르노를 보거나 고급호텔처럼 꾸며도 기쁨을 주지 않는다. 분위기 내려고 침대커튼, 무드조명에 돈을 들인다고 되지 않는다. 너무 집요하게 강요하는 남성, 밤 생활이 오랫동안 없어서 초조한 아내, 밤을 즐겁게 보낼 수 없음은 당신 탓도 남편 탓도 술집 마담 탓도 아니다. 방의 배치나 장식에 문제가 있다.

수원인(水原人) 실내디자인

　신뢰, 안정, 남녀 사랑, 융화, 교활인 북욕실(北浴室)이 있는 집은 일에 바쁘거나 직장생활에 빠져드는 경향이 있어서 섹스 기분이 내키지 않는다. 귀여움, 센스, 화제, 풍요, 나태, 대화, 고요, 편안, 연애, 환락인 서(西)에 물과 관계가 있으면 당신도 남편도 기쁨을 밖에서 찾는다. 서(西)쪽에 햇살이 비치는 방(房)은 환락의 공간이다. 서(西)는 남녀가 드라마틱하게 즐기는 곳이다. 남편이 그런 기분이라도 당신은 싫거나 반대이거나 해서 타이밍이 맞지 않고 성적 기분이 서로 다르다. 물 있는 욕실, 부엌, 화장실이 타락, 나태, 유흥, 연애, 환락인 서(西)나 신뢰, 남녀 사랑, 자만, 교활인 북(北)에 있을 경우는 흉(凶)하다.

남동침실(南東寢室) 실내디자인

　방(房)의 바람, 부자, 젊음, 여자, 싱그러움, 착함, 우아, 상냥, 교제, 결혼인 남동(南東) 공간은 부부가 사랑의 대화를 나누는 장소로 이용한다. 술 한 잔 들고 즐겨도 좋다. 침대(寢臺)는 중앙에 두고, 신뢰, 안정, 남녀 사랑, 융화인 북침(北寢)함이 가장 길(吉)하다. 머리를 북(北)에 둠이 불안하면 동(東)에 두고, 머리맡에는 스탠드를 둔다. 젊음, 건강, 부지런, 발전, 소리, 정보인 동창(東窓) 윗벽에 벽시계를 건다. 아침 해가 들어오는 동창(東窓)이 있으면 더욱 길(吉)하다. 아침 해가 들어오는 바람, 부자, 젊음, 여자, 싱그러움, 착함, 우아, 상냥, 교제, 결혼인 남동침실(南東寢室)이 가장 길(吉)하다.

제50장.

거부와 대비 巨富와 大妃
풍수이야기

그러나 이미 여불위(呂不韋)의 씨를 받은 주희였다. 이씨가 진시황제인 정(政)이 된다. 여불위(呂不韋)의 씨를 아는 이는 여불위(呂不韋)와 주희뿐이다.

"거부의 아내와 통일제국의 대비마마 중 어느 것이 좋소?"

여불위(呂不韋)의 엉뚱한 질문에 주희는 어안이 벙벙하다.

"이곳에 억류된 이인은 높은 기상을 지닌 분으로 장차 황제가 될 분이오. 그대 뱃속에 있는 아이가 이인의 아들이 되어 후일 귀하신 황제가 되게 합시다."

간절히 눈물로 호소하니 많은 은혜를 입은 주희는 고마움에 여불위(呂不韋)의 의사를 따르게 되었다. 여불위(呂不韋)는 이인을 탈출시켜 진나라로 돌려보내니 일등공신으로 태자소부 동궁승원에 봉해진다. 이인(異人)은 후에 세자(世子)로 책봉되었다가 황제(皇帝)가 되고, 여불위(呂不韋)는 승상(丞相)겸 문신후(文臣侯)가 되어 하남과 낙양을 관장한다. 주희가 낳은 여불위(呂不韋)의 아들 정(政)이 황제가 되니 바로 이분이 진시황제이다. 주희는 대비마마가 된다. 진시황제인 정(政)이 어리니 자연 여불위(呂不韋)가 국사를 보게 된다. 이것은 천자지지(天子之地)의 대명당 발복의 결과다. 그래서 명당을 써서 탈신공(奪神功) 개천명(改天命), 즉 군자는 神이 할 일을 빼앗아 행함으로써 천명을 바꿀 수 있다. 진인사(盡人事) 대천명(待天命), 즉 사람이 할 수 있는 일을 다 하고서 하늘의 뜻을 기다려야 한다. 아무리 훌륭한 명사(明師)라도 임자가 아니면 저절로 눈이 가려서 혈심을 찾지 못하게 된다. 대명혈은 덕을 많이 쌓고 효심이 깊으면 자연히 인연 따라 하늘이 사람을 시켜 인도한다.

학습(學習) 인테리어

나이 지긋한 여성이면 누구나 알고 있다. 모든 세상살이는 재능(才能)보다 노력(努力)이다. 노력의 결과가 하나둘 결실을 맺을 때 인생의 기쁨도 하나둘 늘어간다. 남편과 아이들을 보내고 혼자 남으면 소외감에 젖을 것이다. 배운 것을 자기 것으로 만드는 것이 중요하다. 시작은 좋지만 나아짐이 없다. 보수 좋은 취직도 결코 꿈만은 아니다. 나도 한 번 해보자 생각하는 사람이면 행운을 부르는 디자인을 해보자.

방위색(方位色) 실내디자인

젊음, 건강, 새로움, 도전, 학자, 발전, 배움, 부지런함인 동(東)은 빨간색, 화려, 발전, 쾌활, 미모, 집중력, 영감, 교육인 남(南)은 녹색으로 통일한다. 체육계와 문화계로 나누어 맞는 실내디자인을 알아보자. 동(東)과 남(南)에 화장실, 욕실, 부엌이 있으면 노력은 헛일이 되기 쉽다. 초급 수준에서 벗어나지 못한다. 통풍이 잘 되게 하고, 조명을 밝게 한다. 노력의 좋은 결과는 젊음, 건강, 도전, 배움, 부지런함, 학자인 동(東)과 발전, 쾌활, 집중력, 명성, 영감, 교육인 남(南)이다.

운동(運動) 실내디자인

조명이 밝으면 스포츠 지향의 방이다. 테이블 남(南)인 첨단, 발전, 쾌활, 명성, 미모, 영감, 집중, 만남, 이별, 교육에 교본을 두고, 테이블 동(東)인 젊음, 건강, 성장, 발전, 배움, 학자, 부지런, 정보에 TV, 오디오를 둔다. 실내디자인은 밝고 화려하게 한다. 스포츠용품, 운동복, 타올을 담는 상자나 서랍장은 신뢰, 안정, 융화인 북(北)에 둔다. 발전, 쾌활, 집중력, 명성, 미모, 만남, 영감인 남창(南窓)이 있는 방엔 중앙에 테이블을 두고 복습한다. 노력의 성과를 위한 이상적인 방 배치는 집중력, 명성, 미모, 영감인 남창(南窓)이 있는 방이다. 맨손 연습은 의외로 효과적이다. 집에서도 TV를 보며 폼을 연구하거나 교본을 볼 수 있는 환경을 만든다. 테니스, 골프, 수영

등 스포츠에서 성과를 얻고 싶으면 코트나 수영장에서만 연습해서는 안 된다. 실내디자인의 힘으로 더욱더 강하게 만들 수 있다.

문화(文化) 실내디자인

테이블은 중앙(中央)에 둔다. 책상은 정보, 젊음, 건강, 도전, 배움, 부지런, 소리, 정보인 동(東)에 둔다. 책상 위에 스탠드와 카세트, 오디오를 두고, 젊음, 건강, 도전, 부지런, 배움인 동벽에 시계를 건다. 발전, 전진, 쾌활, 집중력, 미모, 명성, 교육, 영감인 남창(南窓)가에 관상수 한 쌍을 둔다. 교본을 담은 가구는 지혜, 시작, 창조, 변화인 북동(北東)에 두고, 착함, 바람, 부자, 젊음, 여자, 우아, 상냥, 교제, 결혼인 남동(南東)에 예능, 그림, 포스터를 건다. 신뢰, 안정, 남녀 사랑, 진로, 감춘 돈, 창의, 융화인 북(北)에 바다, 호수 그림이 길(吉)하다. 문화계인 회화, 공예, 다도, 꽃꽂이로 결실을 보고 싶으면 발전, 쾌활, 집중력, 명성, 영감인 남(南)과 소리, 정보, 젊음, 건강, 도전, 배움, 부지런함인 동창(東窓)이 있는 방(房)에서 공부한다.

〈부록〉

동양철학 東洋哲學
사상의학 四象醫學
체질의학 體質醫學

　무엇이든 우리의 삶에 있어 제일 우선은 건강이 답이다. 건강 유지를 위해 동양철학, 사상의학, 체질의학에 관하여 여러분이 잘 활용하신다면 사업에서 성공하는 리더로서 거듭날 것이다. 건강이 우선임을 다시 한 번 알아차림으로 신바람 나는 리더로서 거듭나시고 성공하시기를 바란다.

철학의 종류

　철학의 종류는 서양철학(西洋哲學)과 동양철학(東洋哲學)으로 나누어 구분한다.

　(1) 동양철학(東洋哲學)이란?
　유교, 불교, 도가 철학이며, 종합적인 철학이다. 철학은 인간의 구체적인 삶을 문제로 한 철학이며, 형이상학적인 인식론을 아는 것이며, 지식이 어떻게 이루어지는가의 미학, 논리학, 윤리학이다. 즉 윤리학의 발전이라 볼 수 있다. 여러분이 알고 있는 주역(周易)이란? 윤리적인 삶을 이야기하며, 도덕적인 메시지를 주고 있다. 우리가 흔히 이야기하는 사주팔자의 확률은 약 60% 정도이며, 40%의 운명은 자기 운명을 좀 더 좋은 방법으로 이끌어가는 것에 있다. 이것이 바로 변화의 원리이며, 우리의 몸 인체의 사계절, 운명도 변한다는 것이다. 공자는 운명을 극복할 수 있다고 하였으며, 군자는 천명을 자각하는 자만이 군자가 될 수 있다고 하였다.

우리가 흔히 이야기하는 운칠기삼(運七技三)이라고 하지만 현 시대는 운삼기칠(運三技七)이라 하여 운명은 내가 어떻게 변화하고 바꾸어가는가에 따라 달라지는 시대에 우리는 살고 있다는 것이다. 현 시대 현대인의 문제점은 자신에 대한 무관심, 즉 자기 몸에 대하여 모르는 사람이 너무 많다는 것이며, 이것을 극복하기 위하여 스스로 자기의 몸을 알고, 무리하지 않으면 건강하고 자연 치유력이 생기며, 천수를 누릴 수 있다는 것이다. 즉 수신제가를 이야기하는 것이다.

(2) 동양철학(東洋哲學)에서 보는 인간은 어떤 것을 말하는가?
음과 양, 하늘과 땅, 불과 물, 남자와 여자 등의 기운에서 태어나며, 기운을 받으며, 직립적인 존재, 즉 곧음을 말하는 것이며, 이것을 정직이라고 하는 것이다. 주자학에서의 직은 인간은 직립적인 존재이며, 하늘과 땅을 연결하는 관계로 보며 나무 + 뿌리 + 줄기를 합쳐 말하는 것이다. 인간과 동물의 차이점은 동물은 4발, 인간은 2발, 그래서 우리 인간은 손 고생이 많다고 한다. 또한 성인의 한 분인 고자는 인간의 본성은 식생 동물로 표현(땅을 표현)하였으며, 맹자는 직립적인 것을 보며 영적인 삶을 살 수 있다고 보며 하늘을 표현하였다.

(3) 인간의 삶이 행복해질 수 있는 이유는 무엇일까?
행복 + 삶 + 돈 + 인학의 조화로 인학이 소외되어 있으며, 현대인은 돈을 중요하다고 생각하지만 삶의 행복에 돈이 전부는 아니다. 즉, 경제가 전부는 아니다.

(4) 동양철학(東洋哲學)에서의 인간은?
땅과 하늘을 보고 살아야 하며, 인간 본인 속에 땅과 하늘이 있다고 생각하고 보아야 한다는 것이다. 즉 먹고, 숨 쉬고, 삶을 영유하는 것을 말하는 것이다.

(5) 음(陰), 양(陽)이라는 것은?
음(陰)은 형상적인 것, 즉 이기론, 기적인 것, 땅을 이야기하는 것을 말하며, 양(陽)은 밝은 것, 환한 것, 즉 하늘을 이야기하는 것을 말한다. 음(陰)에는 여자, 물, 어둠 등을 이야기하며, 양(陽)에는 남자,

불, 밝음 등을 이야기하는 것으로써 음양의 조화가 잘 맞는가에 따라서 삶의 운명, 팔자도 달라질 수 있는 것을 말하는 것이다.

(6) 현대인의 건강관리는 어떻게 해야 하는 걸까?

대기, 환경 오염으로 자기 체질에 맞는 음식을 먹으며, 오염되지 않은 맑은 공기를 마시며 살아야 건강하다. 하지만 현 시대에 이런 조건은 찾아보기 어렵지 않은가? 그래서 의학적인 아이템이 속출되고, 전 세계가 오존, 산소, 클린에너지 정책에 열을 올리고 있는 것을 보면 앞으로 우리 인간들은 공기도 사서 마셔야 하는 시대가 올지도 모른다는 생각이다.

체질의학이란 어떤 것을 말하는지 살펴보자

기존 한의학의 바탕으로, 음양오행설, 사상철학을 바탕으로 인간의 불안전한 존재를 완전한 존재로 바꾸어가는 것이며, 외적인 조건에서의 약 처방이 아닌 체질적인 약 처방의 불가성을 말한다. 허준의 동의보감(東醫寶鑑)은 인간을 동물과 같이 4발의 인간으로 표현하였으며, 병의 발생 요인과 인간마다 특이성이 있어 같을 수가 없으며, 오장육부의 차이, 즉 4가지의 체질로 분류하였다.

(1) 4체질이란?

태양인(太陽人), 태음인(太陰人), 소양인(少陽人), 소음인(少陰人)

4체질로 구분하며, 인간은 체질적으로 장기의 허(虛)와 실(實)을 가지고 있으며, 각자의 체질을 가지고 있으며, 체질은 불멸함으로 보며, 미완성된 약점을 지니고 있다. 또한 몸의 균형을 고르게 같을 수 있도록 하는 것이 동양사상(東洋思想)이며, 중화사상(中華思想)이라고 한다.

(2) 체질의학(體質醫學; 각각의 사상체질에 따라 병을 치료하거나 예방하는 방법과 관련된 학문)의 효과성은 있는 것일까?

자기 몸에 대한 체질이 사상이며, 체질을 개선하면 건강하고, 이것을 유지하려면 본인에 알맞은 식단의 필요성이 중요하다. 이것을 사상의학이라고 하는 것이다. 사상의학에서 기본적인 동양철학은 음양오행설을 잘 알아야 한다. 즉, 체질의학(體質醫學)은 성격, 체형, 먹는 약, 음식 등 모든 것을 분류할 수 있으며, 체질의학(體質醫學)에서 예방법을 미리 알고 실행에 옮기는 것, 군자는 앞으로 다가올 우환을 걱정하였다. 동양철학에서 보면 고행 후에 좋은 일이 일어나며, 곡선의 운명을 가지고 있다. 이것을 운명설이라고 한다.

(3) 체질 감정의 정확성은 무엇을 이야기하는가?

체질 감정의 확률 정확도는 80% 정도이며, 가슴과 골격을 보는 것이 정확하다. 체질 감정을 보는 법에는 혈액형 감별법 50%이며, 기타 오링 테스트, 맥 등으로 본다. 음(물; 水)과 양(불; 火)으로 음 속에 양이 있다는 것이다. 한의학에서 보는 음양은 물(위; 上), 불(아래;

下), 머리(물; 水), 하체(불; 火)로 본다. 예를 들어보면 두통은 머리에 불이 과다(열; 熱) 발생하므로 오는 것이라 하며, 부인병은 하체를 강하게 해야 하고 따뜻하게 해야 한다. 특히 여자들은 명심해야 할 것이다. 양인을 생식이라고 하며, 음인을 화식이라 하며, 가능하면 고치는 것이 좋다는 것이다.

(4) 양 체질 양인에게 참고할 사항은?

양 체질 양인은 상체가 발달하고, 발바닥을 지압해주는 것이 좋으며, 맨발로 걷는 것이 좋고, 지기가 부족하여 문제점이 발생할 수 있다. 특히 양 체질은 차가운 음식을 먹을 것, 물을 권장한다. 한약 처방을 하는 경우 한약 재료 중 차가운 약초 처방을 하는 것을 권장한다.

(5) 음 체질 음인에게 참고할 사항은?

음 체질 음인은 하체가 발달하여 있으며, 항상 따뜻한 음식을 먹을 것, 불(火), 즉 뜨거운 것을 권장한다. 중치 의학적으로 보면 중국에서 온 처방전 한의학 치료법이 음인을 대상으로 한 치료법을 말하는 것이며, 한약 처방을 하는 경우 한약 재료 중 뜨거운 약초 처방을 하는 것을 권장한다.

음양오행설(陰陽五行說)이 무엇인지 알아보자

음양오행설에서 음이라는 것은 음축(체질이나 증상 따위가 소극적이고 찬 성질, 바짝 줄어드는 힘)이라 하며, 끌어들이려고 하는 힘이 강하다는 것을 말한다. 양이라는 것은 팽창하려고 하는 힘이 강하다는 것을 말하는 것이며, 오행은 목, 화, 토, 금, 수를 말하며, 이를 합쳐 음양오행이라고 하는 것이다.

(1) 음양(陰陽)의 원리란?

우주만물의 근원인 본의 원리로 모든 운동을 창출하는 원리를 음양의 원리라 말하는 것이며, 음과 양의 본래적인 의미는 빛과 그림자의 개념, 자연적인 개념을 이야기하는 것이다. 또한 황제내경(皇帝內徑; 중국 진(秦)나라, 한나라 때에 편찬되었다고 알려진 중국 최고(最古)의 의학서)에서 음양(陰陽)이란 하늘과 땅이 움직이는 근본원리, 우주만물을 통제하는 근본원리, 삼라만상이 죽고 사는 것의 원리를 이야기하며, 거짓과 참은 구별하기 어렵지만 깨닫는 것이 최고라고 한다.

(2) 음양(陰陽)이 일치한다는 이야기를 많이 하는데 무엇을 말하는 것일까?

이것은 음과 양이 서로 간의 부족한 부분 또는 약한 부분을 도와주는 것을 말하는 것인데 예를 들어 巳(뱀) 띠생 음력 4월은 불(火)이라면 亥(돼지) 띠생 음력 10월은 물(水)로 서로 상극관계(相剋關

係)로 충(衝)한다 볼 수 있다. 만약 당신이 음양의 위치를 터득하면 향후 10년 앞도 볼 수 있는 능력이 있다는 것이다. 이러한 논리를 사주팔자 역학에서 쓰이는 사례라 할 수 있다. 흔히 음과 양의 비중은 어떨까? 결론은 음과 양의 비중은 같다는 것이다. 음과 양은 서로 상호 의존적인 존재이며, 상대성으로써 서로 도와주는 관계를 말한다. 우리가 삶에 있어서 어떤 것이든지 또는 무엇이든 짝이 있기 때문이다.

예를 들면
아침 = 점심 = 양
점심 = 저녁 = 음
봄 = 여름 = 양
가을 = 겨울 = 음

이처럼 모든 삼라만상(森羅萬象), 모든 것, 양은 정신적인 속성이 강하며, 음은 물질적인 속성이 강하다. 예를 들면 남자 강(强), 여자 약(弱)이라고 하지만 실제로 남자 약(弱)하며, 정신적으로만 강하고, 여자는 강(强), 행동적, 실제적으로 강한 것이다. 갑을병정(甲乙丙丁)에서 갑(양; 陽)을, 을(음; 陰)을 이야기하며, 병정이 나쁘면(물질적), 좋으면(정신적) 팔자에서 음기(陰氣), 양기(陽氣)를 타고나는 것을 말한다.

(3) 상생(相生), 상극(相剋)관계는 어떤 것인지?

상생(相生)관계라고 하는 것은 부(부모; 父母)와 자(자식; 子息) 관계를 상생관계(常生關係)라고 이야기를 하며, 상극관계(相剋關係)라고 하는 것은 군주(君主)와 신하(臣下)의 관계를 서로 상극한다 하여 상극관계(相剋關係)라고 한다. 예를 들어 이야기한다면 입술(비장; 脾臟) 토(土)을 이야기한다. 여성들이 입술에 바르는 립스틱을 바를 때 혹 검은색 립스틱을 바른다면 수(水)의 형태로 비장에 나쁜 영향을 준다는 것이다. 이에 음양오행의 목, 화, 금, 수, 토를 색으로 표현한다면 목(木)은 푸른색을 이야기하며, 화(火)는 빨강색을 이야기함으로써 입술 립스틱의 색은 가능한 빨강색을 바르는 것이 건강에도 좋다는 결론이다. 여성분들은 앞으로 립스틱 빨간색을 바르는 것을 잊지 마시기를 바란다. 그래서 입술(비장; 土) 토(土) 화(火) 생이 좋다는 것이다. 그래서 하문(下門)과 수구(水口)는 입과 생식기는 상통한다고 하는 것이다.

(4) 음양오행설(陰陽五行說)(목, 화, 토, 금, 수)은 서로가 융화하여 조화를 이루는 것이다.

(5) 또한 오행의 상생, 상극의 원리를 통하여 계절의 변화를 알 수 있고, 우주 생성의 변화를 알 수 있으며, 음양의 원리를 어떻게 활용하는가에 따라서 당신에게 맞는 건강을 찾아줄 수 있는 것이다. 예를 들자면 土는 황토를 이야기하며, 모든 것

을 끌어내는 것이 강하며, 모든 삼라만상이 오행을 갖고 있다는 것이다. 황토는 몸에 있는 독기를 뽑아주고, 독기를 뽑고 나면 생기를 뽑게 되는데 황토에 맞지 않는 사상체질은 그러므로 중병을 앓는 것이다. 소양인 체질은 황토(黃土)집에서 살 경우 왕성하여 병을 얻는다는 것이며, 소음인 체질은 황토집이 잘 맞는다 하는 것이다.

사상의학이란?

사상의학(四象醫學)이란 음, 양을 바탕으로 하고 있으며, 하늘과 땅의 조화체로 인간을 보며(하늘과 땅, 상과 하), 주역에서도 음양이론을 바탕으로 표현하듯이 자기 몸의 허와 실을 알고 균형을 이루어 주는 것이며, 자신의 몸은 본인의 책임에 있으며, 꾸준한 노력이 필요하다는 것이다. 예를 들자면 군자는 소인과 대인으로 구분하며, 도덕성을 갖고 인간을 평가한다. 여기서 말하는 소인은 일반 백성을 뜻하며, 대인은 양이 많은 사람을 뜻하는 것이다. 사상의학(四象醫學)에서의 가장 중요한 것은 체질 감정이다. 여러분들도 이제 스스로 체질 감정을 할 수 있는 방법을 알아 스스로 건강함을 유지하도록 하자. 특히 제가 아는 사상의학은 과학적이고 합리적인 관계로 보며, 우리나라의 이제마 선생의 사상의학 이론으로 시작되었으며, 지금까지 많은 학자들에 의하여 전수되는 비법(秘法)이 내려오고 있다는 것이다.

사상의학(四象醫學)에서 사(四)가 어떤 것을 의미하는가는 삼초(三焦; 상초(上焦), 중초(中焦), 하초(下焦); 심장을 중심으로 한 흉부를 상초, 위(胃) 부근의 복부를 중초, 배꼽 아래 부분의 하복부를 하초라 하며, 음식물의 흡수와 소화, 배설을 맡고 있다.)를 사상의학에서 사초를 말하는 것이다. 예를 들어보면 우리 얼굴에서의 코는 토(土)를 말하며, 관상학과 인상학을 볼 때 코를 제일 중요시 하는데 코는 중초를 뜻하며, 대체로 코가 큰 사람은 유아독존의 사람, 즉 고집이 세다는 것이다. 여러분의 파트너 또는 일반적인 비즈니스에서 잘 활용하시기를 바란다.

위에서 이야기는 사상의학 사초란 무엇을 말하는지 좀 더 세부적으로 이야기한다면 사초 중에서 상초는 나의 몸에서 볼 때 폐를 말하며, 중상초는 비장(脾臟) + 心(마음)을 말하며, 일체 하나인 존재를 말하는 것이며, 중하초는 간(肝)은 심(心; 마음) 태극지심(太極至心; 우주만물의 근원인 음양이 완전히 결합된 상태, 더없이 성실한 마음)을 말하고 하초심을 이야기하는 것이다. 여러분이 기본적으로 알고 있는 기존 한의원에서의 心(사상의학)은 한약에서 소화제가 필수이듯이 감초, 대추, 생강 등을 처방하는 것이며, 인간에 있어서 心(마음)은 하나님과 같은 존재이며, 화의 근원, 병의 근원이 되는 것이다.

일반적 사상의학에서 태양인, 소양인, 태음인, 소음인을 구별하는 기본이 바로 희, 노, 애, 락은 몸 + 心 + 애(폐; 肺)(상초 심장을 중심으로 한 흉부) 태양인, 노(비; 鼻)(중상초 코) 소양인, 희(간; 肝)(중하초 위(胃) 부근의 복부 아래) 태음인, 락(심장; 心臟)(하초 배꼽 아래의 부위로 콩팥, 방광, 대장, 소장) 소음인으로 구분하여 본다는 것이다. 좀 더 상세하게 이해하기 쉽게 이야기한다면 사상의학 일체도를 참조하시면 이해하기 쉬울 것이다.

〈사상의학 일체도〉

상초	폐(肺)	금(金)	애	태양인	금(金) 체질
중상초	비(鼻)	토(土)	노	소양인	토(土) 체질
중하초	간(肝)	목(木)	희	태음인	목(木) 체질
하초	심(心)	수(水)	락	소음인	수(水) 체질

위에서 설명하였듯이 사상의학에서 8체질로 나누어지는 것이며, 8체질을 태양인(太陽人), 태음인(太陰人), 소양인(少陽人), 소음인(少陰人), 금, 토, 목, 수로 8체질이라고 하는 것이다.

체질 감정법에 대하여 알아보자

이제 사상의학에 대하여 이론적인 부분을 이해하셨다면 스스로 나의 체질에 대하여 알아볼 수 있는 테스트법에 대하여 숙지하시면 많은 도움이 되실 것이다.

(1) 오링 테스트법

태양인(太陽人)	무에 벌어지거나 모과에 안 벌어지면 태양인
태음인(太陰人)	당근, 더덕에 손가락이 안 벌어지면 태음인
소양인(少陽人)	감자에 벌어지거나 영지에 안 벌어지면 소양인
소음인(少陰人)	오이에 벌어지거나 대추에 안 벌어지면 소음인

(2) 완력 테스트법

태양인(太陽人)	무를 쥐었을 때 무거우면 태양인
태음인(太陰人)	당근을 쥐었을 때 가벼우면 태음인
소양인(少陽人)	감자를 쥐었을 때 무거우면 소양인
소음인(少陰人)	오이를 쥐었을 때 무거우면 소음인

(3) 침(鍼) 자리 테스트법 : 침으로 체질 감정하는 것이 정확성이 높다.

(4) 체형의 테스트법 : 체형적 특징

태양인(太陽人)	머리가 크고 체구는 단정, 한편 상체가 넓고 하체가 약하다. 몸은 마른 편이고, 눈에 광채가 있다. 폐가 크고 간이 작은 사람
태음인(太陰人)	체격이 큰 편이고, 근육과 골격이 발달, 몸이 비대한 사람이 많고, 특히 손, 발이 크고, 허리가 굵고, 상체보다 하체가 더 충실하다. 간이 크고 폐가 작은 사람
소양인(少陽人)	턱은 뾰족한 편이고, 입은 크지 않으며, 입술은 얇다. 특히 눈매가 날카롭고, 상체가 강하고, 하체가 약하며, 특히 다리가 가늘다. 살찐 사람이 드물다. 비장이 크고 신장이 작은 사람
소음인(少陰人)	용모가 오밀조밀 잘 어우러져 있으며, 상체보다 하체가 발달되었으며, 키와 몸은 대체로 작은 편이나 균형 잡힌 사람이 많다. 신장이 크고 비장이 작은 사람

체질적인 특징 분류

체질적인 특징을 잘 파악하여 자신에게 도움이 되는 부분을 활용하시면 최고의 건강을 유지할 수 있다.

(1) 태양인(太陽人)

폐대간소(肺大肝小), 폐가 크고 간이 작다는 뜻으로 간을 보하고 대장을 사해야 한다. 기질적 특징을 보면 자존심이 강하고 진취적이다. 독선적이고 의욕 과잉으로 주위와 화합이 잘 안 된다. 발병률이 높은 질병은 소화질환, 소화불량, 식도협착, 불임증, 안질 등이다. 식성은 대체로 차가운 것과 날 것을 좋아하며, 특히 기름기가 없는 담백한 음식을 좋아한다. 체질적 특징은 간 기능이 약하며, 오래 앉아있거나 걷지를 못하며, 소변양이 많고, 청각이 특히 발달되어 있다.

	유익한 음식물		해로운 음식물
해산물	모든 생선류, 조개류, 새우, 굴, 게	육류	모든 육류
야채류	모든 푸른 채소류	야채류	무, 당근, 도라지, 고추, 마늘
과일류	포도, 딸기, 복숭아, 바나나, 파인애플		-
곡류	쌀, 모빌, 보리, 팥	곡류	밀가루, 수수, 율무
기타	초콜릿, 코코아, 포도당, 비타민 C	기타	모든 기름, 커피, 술, 인삼, 녹용, 모든 약물

(2) 태음인(太陰人)

간대비소(肝大脾小), 간이 크고 비장이 작다는 뜻으로 간을 사하고 대장을 보해야 한다. 기질적인 특징은 인자하고 마음이 너그럽고 활동적이다. 집념과 끈기가 있고, 점잖으며, 묵묵히 실천한다. 외곬이며, 고집이 세고, 속마음을 잘 드러내지 않는다. 발병률이 높은 질병은 급성폐렴, 기관지염, 천식, 고혈압, 중풍, 습진, 종기, 두드러기, 알레르기, 대장염, 치질, 변비증, 노이로제 등이며, 식성이 좋아 대식가가 많고, 폭음과 폭식하는 경향이 있다. 음식을 가리지 않고 잘 먹는다. 체질적 특징은 간 기능이 좋고, 땀을 많이 흘린다. 땀이 많이 나는 것이 좋으며, 후각이 특히 발달되었다.

	유익한 음식물	해로운 음식물
육류	소고기, 닭고기	해산물, 고등어, 조개류, 게, 새우, 낙지, 오징어, 배추, 메밀, 초콜릿, 포도당
해산물	없음	
야채류	무, 도라지, 연근, 당근, 호박, 마늘	
과일류	배, 사과, 수박, 호두, 잣, 밤, 은행	
곡류	쌀, 콩, 밀가루, 수수	
기타	설탕, 비타민 A, D, 녹용	

(3) 소양인(少陽人)

비대신소(脾大腎小), 비장이 크고 신장이 작다는 뜻으로 신장을 보하고 위장을 사해야 한다. 기질적인 특징은 외향적이고, 명랑하며, 재치가 있고, 판단이 빠르다. 다정다감하고, 봉사, 희생정신이 있다. 발병률이 높은 질병은 신장 질환이 잘 오며, 신장염, 방광염, 요도염, 조루증, 정력 부족, 불임증, 상습 요통 등이다. 식성은 더운 음식보다 찬 음식을 좋아하며, 한겨울에도 찬 음식을 즐겨 먹는다. 음식을 빨리 먹는 경향이 있다. 체질적 특성은 비위 기능이 좋고, 신장 기능이 약하며, 몸에 열이 많다. 소화력이 왕성하고, 땀이 별로 없다. 시각이 특히 발달하며, 남자는 정력이 약한 경우가 많고, 여자는 신장 기능이 약해 다산하지 못한다.

유익한 음식물		해로운 음식물	
육류	소고기, 돼지고기	육류	닭고기, 개고기, 염소고기, 노루고기
해산물	생굴, 게, 새우, 조개류	해산물	미역, 김
야채류	무, 배추, 오이, 양배추	야채류	감자, 파, 생강, 후추, 겨자
과일류	배, 감, 참외, 수박, 바나나, 포도, 파인애플	과일류	사과, 귤, 오렌지
곡류	쌀, 보리, 밀가루, 콩, 팥	곡류	찹쌀
기타	비타민 E, K, 얼음, 초콜릿	기타	인삼, 꿀, 비타민 B군, 페니실린

(4) 소음인(少陰人)

신대비소(腎大脾小), 신장(腎)이 크고 비장(脾)이 작다는 뜻으로 신장을 사하고, 위장을 보해야 한다. 기질적인 특성은 사색적이고, 매사에 치밀하며 착실하다. 판단력이 빠르고, 머리도 총명, 예의 바르며, 세심하고 내성적이며, 자기 본위적이며, 지사형(志士型) 꽁생원 타입이다. 발병률이 높은 질병은 소화불량성 위염, 위하수, 위산과다증, 상습 복통, 급만성 위장병, 우울증, 신경성 질환, 수족냉증, 차멀미, 더위 타는 병, 설사 등이다. 식성은 더운 음식을 좋아하며, 맛있는 것만 골라먹는 경향이 있고, 대체로 음식은 늦게 먹는 편이다. 체질적 특성은 신장 기능이 좋으나 비위 기능은 약하다. 허약 체질, 냉성 체질이며, 땀이 별로 없으며, 땀을 많이 흘리지 않는 것이 좋으며, 무의식중에 한숨을 잘 쉰다.

유익한 음식물		해로운 음식물	
육류	닭고기, 염소고기, 노루고기, 소고기, 개고기	육류	돼지고기
해산물	미역, 김	해산물	굴, 게, 새우
야채류	무, 상추, 파, 마늘, 생강, 시금치	야채류	오이
과일류	토마토, 사과, 귤, 오렌지, 복숭아	과일류	참외, 바나나
곡류	찹쌀, 옥수수, 감자	곡류	보리, 팥
기타	꿀, 인삼, 비타민 B군	기타	찬 것, 얼음, 맥주, 비타민 E

〈전 체질에 잘 맞는 식품〉

구분	종류
육류	오리, 칠면조
해산물	명태, 대구, 민어, 가자미, 광어, 옥돔, 아구, 우럭, 이면수
야채류	냉이, 두릅, 쑥, 브로콜리, 아스파라거스, 양배추, 푸른 상추, 시금치, 쑥갓, 근대, 연근, 우엉, 피망, 가지, 호박, 아욱, 취나물, 고비, 돌나물, 토란
과일류	딸기, 토마토, 살구, 복숭아, 자두, 앵두, 체리
곡류	쌀, 메조, 기장, 강낭콩, 완두콩, 유색콩
버섯류	송이버섯, 표고버섯, 느타리버섯, 팽이버섯, 죽순

〈체질과 음식물의 특성〉

구분	종류
바나나	알코올 분해요소로 술 마신 뒤 먹으면 좋다. 소양인(少陽人)에게 좋다. 항암물질 함유 1일 2~3개 정도 먹으면 좋다.
버찌	따뜻한 섬유질을 갖고 있으며, 소화 기능을 가지고 있다. 위장 계통에 좋다. 태음인(太陰人), 소음인(少陰人)에게 좋다.
뽕나무(뽕잎)	모든 약재로 사용한다. 뿌리, 나무, 잎, 줄기 등 기관지를 튼튼하게 하여주며, 뽕나무 쌈 등 오디는 10월~11월 첫 서리 후 최고로 좋다. 특히 태음인(太陰人)에게 최고이다.
상추	신경안정제 역할 성분 및 피를 맑게, 혈액 순환, 피부미용에 좋다. (예) 많이 먹으면 졸음이 온다. 소양인(少陽人)은 괜찮다. 상추 겉저리는 태음인(太陰人), 소음인(少陰人)은 졸립다. 소양인(少陽人)은 생것으로, 소음인(少陰人)은 데쳐서 먹는 것이 좋다.
대하(왕새우)	남자 정력 요소가 많다. 가능하면 통째로 먹는 것이 좋으며, 특히 소양인(少陽人)에게 최고 좋다.
생강	따뜻한 성질, 제독을 약화시킨다. 생강주, 생강차와 먹으면 편두통, 소화기관, 구역질에 좋다. 소음인(少陰人)에게 좋다.
샐러리	차가운 성질로 변비, 고혈압, 몸이 붓는 것, 소변색이 붉은 것 등 몸속에 열을 내려주는 역할을 한다. 소양인, 태양인(太陽人)에게 좋다. 음인은 가급적 피할 것!

쇠비름	한약에서는 마치 현이라 하며, 차가운 성질이다. 종기, 고약재료, 몸속에 열이 많아 생기는 병에 좋다. 피부, 여드름, 종기가 자주 나는 사람에게 좋다. 태양인(太陽人), 소양인(少陽人)에 좋다.
수박	차가운 성분이며, 아무리 먹어도 살이 안 찐다. 갈증, 피로회복에 좋으며, 수박 달인 물은 특히 급성 신장병에 좋다.
소가리, 메기	소음인(少陰人)에게 좋다. 잉어, 가물치는 소양인(少陽人)에게 좋다.
알로에	차가운 성분으로 변비, 체내의 열, 화상, 종기, 피부병에 좋다. 소양인(少陽人), 태양인(太陽人)에게 좋다.
오리고기	황색 암컷이 몸보신에 최상품이며, 몸이 허약할 때, 탕재를 할 때 좋다. 오리알 또한 좋다. 소양인(少陽人)에게 좋다.
돼지고기	소양인(少陽人)에게 좋다.
닭고기	토종닭, 삼계탕, 대추, 인삼, 마늘 등은 냉한 속을 보호해준다. 소음인(少陰人)에게 최고 좋다.
보신탕	소음인(少陰人)에게 최고 식품이며, 몸이 마른 사람에게 좋다.
부추(정구지)	소음인(少陰人)에게 좋다. 부추 + 찹쌀 = 부추죽을 인삼, 대추 등과 같이 끓여서 먹는다.
복(복어)	차가운 음식은 종기가 많이 나고 소변이 잘 안 나오는 사람, 치질에 효과가 좋다. 복 알, 복 내장 등 소양인(少陽人)에게 좋다.
고추	소음인(少陰人)과 태음인(太陰人)에게 좋은 식품이다.
낙지전골	차가운 성질 소양인(少陽人), 태양인(太陽人)에게 좋다.
녹두(빈대떡)	오장육부 기능을 조화롭게 한다. 소양인(少陽人), 태양인(太陽人)에게 좋으며, 소음인(少陰人)은 극이며, 소양인(少陽人)이 녹두를 생으로 먹으면 비린내와 술 해독 작용으로 좋다.
인삼	인삼 줄기 말린 것, 소음인(少陰人)에게 좋다.
결명자차	소양인(少陽人)에게 좋다.
매실	폐 기운이 약한 사람, 태음인(太陰人), 목이 붓고 아플 때, 갑상선과 소음인(少陰人)에게 좋다.
오가피	태양인(太陽人)에게 가장 좋다.
도토리묵	태음인(太陰人), 소음인(少陰人), 청포묵 = 소양인(少陽人), 태양인(太陽人)

보리쌀	차가운 성질 한약에서 소화제로 쓰이며, 변비, 콜레스테롤에 좋으며, 산모가 먹으면 젖이 떨어진다. 소양인(少陽人)에게 좋다.
복숭아	폐 기능 강화, 니코틴 해독 성분, 고혈압, 신장병에 좋다. 소음인(少陰人)에게 좋다.

〈기타 일반적인 특성〉

양인	주로 생식이 좋으며, 맵고 단 것은 피하고, 음기가 부족
음인	주로 화식이 좋다. 음식을 달게 먹는 것이 좋다. 양기가 부족

검은 내복을 입으면 = 숙기가 강해지며, 음기가 강해진다. 소음인(少陰人)

뱀탕이 극히 효과를 보는 체질 = 소음인(少陰人)

수영이 알맞은 운동, 생기발랄 및 신장기가 왕성 = 소음인(少陰人)

허리가 아픈 사람은 = 역보를 많이 할 것, 거꾸로 물구나무를 서는 것

고혈압 처방법 = 발바닥을 아침, 저녁으로 10~20분 지압을 해주면 좋다. 특히 소양인(少陽人)에게 고혈압이 많다. 열을 잘 받기 때문이며, 소양인(少陽人)의 공통점이다.

회를 먹을 때 장에다 찍어 먹으면 좋다. = 소양인(少陽人)

소음인(少陰人)은 회가 잘 안 맞지만 겨자를 듬뿍 발라 먹으면 좋다.

<마음의 음양구조(陰陽構造)>

양(陽)	음(陰)
밝고 좋은 것만 기억한다.	어둡고 슬픈 것만 기억한다.
매사에 적극적이고 긍정적이다.	매사에 소극적이고 부정적이다.
앞만 보고 돌진한다.	뒤를 살피면서 조심조심 움직인다.
외향적이고 동적인 종교에 관심이 많다.	내면적이고 정적인 종교에 관심이 있다.
무엇을 마실 때는 "아직도 절반이나 남았어."라고 기뻐한다.	무엇을 마실 때는 "벌써 절반이나 마셔버렸어."라고 투덜댄다.
사랑은 언제나 달콤하고 아름다운 것이다.	사랑은 불행의 씨앗이고 감옥과 같은 것이다.
아직도 세상은 살만한 가치가 있다.	이제 모든 것은 끝났다.
우선 일을 벌려놓고 본다.	돌다리도 두드려봐야 한다.
의자의 주인은 따로 없다. 먼저 앉는 사람이 임자다.	아무리 노력해봐야 의자의 주인은 따로 있다.
전반적으로 희망적이고 미래지향적이고 이성적이다.	전반적으로 부정적이고 과거 지향적이고 감성적이다.

기타

어떠한 사업과 어떠한 여건 속에서 제일 중요한 것은 건강을 유지하는 것이 최고라는 것이다. 지금까지 필자가 이야기하고 정리한 기본적인 동양철학, 사상의학(四象醫學), 체질의학을 여러분이 활용하는 데 쉽게 이해하였으리라 믿는다. 이제부터 당신의 건강을 최고의 컨디션으로 유지하여 당신이 하고자 하는 모든 사업이 번창 성공하시기를 기대한다.